Österreichischer Verein für hochbegabte Kinder

Roswitha Bergsmann (Hg.) • Hochbegabung

W0176841

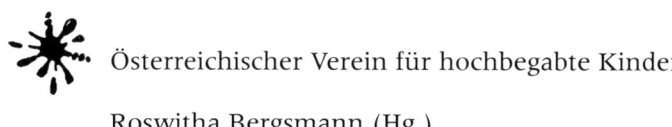

Österreichischer Verein für hochbegabte Kinder

Roswitha Bergsmann (Hg.)

Hochbegabung

Eine Chance

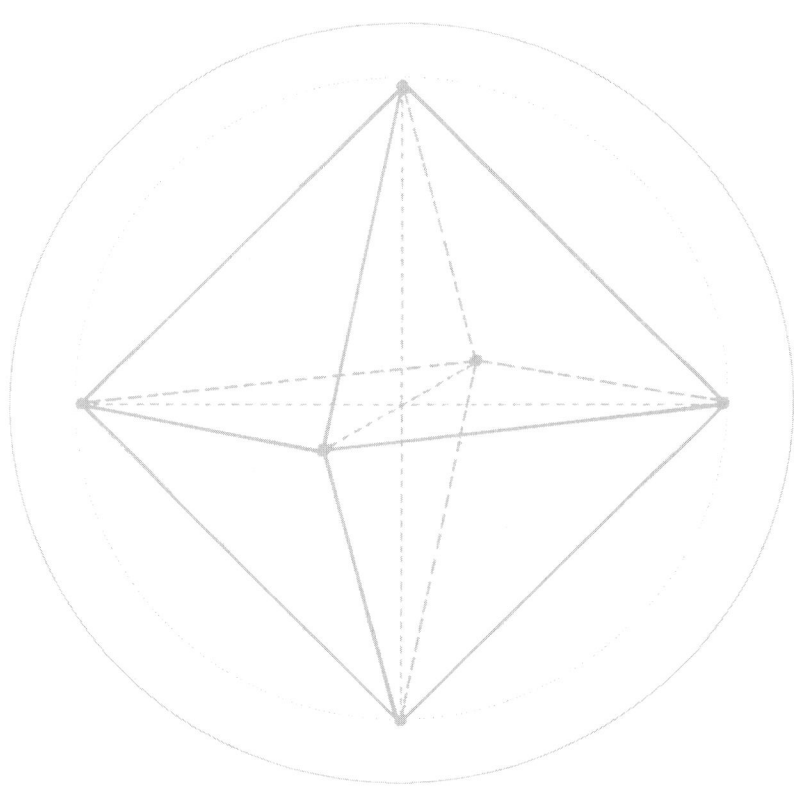

Facultas

Herausgabe und Druck gefördert von:

bm:bwk *Bundesministerium für Bildung, Wissenschaft und Kultur,*
Abteilung für Begabtenförderung I/4

Veritas Verlag

Die Deutsche Bibliothek – CIP-Einheitsaufnahme

Hochbegabung : eine Chance / Österreichischer Verein für Hochbegabte Kinder.
Roswitha Bergsmann (Hg.). - Wien : Facultas, 2000
ISBN 3–85076-509-9

Satz und Druck: WUV Universitätsverlag
Umschlaggestaltung: A+H Haller
Umschlagbild: Photo Researches, Contrast
Printed in Austria
ISBN 3-85076-505-9

Dank

Der „Österreichische Verein für hochbegabte Kinder" ist aus der Besorgnis um unsere Kinder durch spontanen Zusammenschluß einiger Familien entstanden. Unterstützungen von aussen hatten wir bisher nur wenige und doch haben wir wohlwollende Freunde und Förderer, bei denen wir uns gerne bedanken.

Der erste Dank gebührt hier Frau Bundesministerin Gehrer und den Herren des Bundesministeriums für Bildung, Wissenschaft und Kultur, die uns mit einem Druckkostenzuschuss von ATS 25.000,– unterstützten. Herr Sektionschef Dr. H. Gruber, Herr Mr. Dr. A. Fischl, sowie Herr Mag. Dr. Th. Köhler bemühen sich seit Jahren um Hochbegabtenförderung. Ihrem Engagement ist es mit zu verdanken, daß sich in Österreich auf diesem Gebiet viel zu bewegen begonnen hat und noch kein Stillstand eingetreten ist.

Auch der Veritas Verlag subventionierte uns mit ATS 10.000,–, wofür wir uns ganz herzlich bei Herrn Mag. M. Christl bedanken wollen.

Den Landesschulratspräsidenten und Stadtschulratspräsidenten, ihren Inspektoren und deren Mitarbeitern, sowie dem schulpsychologischen Dienst, die uns nicht nur bei Individualproblemen hilfreich unterstützen, danken wir für Verständnis und Hilfen.

Selbstverständlich bedanken wir uns auch bei allen Lehrern, Professoren und Direktoren der verschiedenen Schulen und universitären Institute, mit denen wir zu tun haben. Auch hier sei das große Engagement vieler hervorgehoben, das positive Entwicklungen eingeleitet hat. Vielen engagierte Kindergartenpädagogen sei ebenfalls gedankt, denn Eingehen und Ernstnehmen von Hochbegabung darf nicht erst in der Schule beginnen.

Leider können hier nicht alle namentlich aufgezählt werden, dafür sind es erfreulicher Weise schon viel zu viele. Daher sei so ein spezieller Dank an alle Engagierten ausgesprochen.

In Hinblick darauf, daß zur Zeit der Gründung des Vereins der Begriff Hochbegabung in Österreich kaum bekannt war und daher auch fast nicht diskutiert wurde, müssen wir uns vor allen bei den unterstützenden und beratenden Wissenschaftlern bedanken.

Hr. Univ. Prof. Dr. K. Urban nimmt hier eine Sonderstellung ein, da er es war, der uns zur Gründung des Vereins ermutigte und uns immer wieder wissenschaftlich und praktisch mit Rat und Tat zur Seite steht! Ein recht herzliches Dankeschön an dieser Stelle! Fr. Mag. B. Mayerhofer – Grillmayr, Hr. Univ. Prof. Dr. F. Oswald sind Helfer und Ratgeber von der ersten Stunde an, ebenso wie Fr. DDr. A. Richter, die mit unermüdlichem Engagement uns immer wieder helfend, beratend und testend unter die Arme greift. Ohne sie hätten wir bisher sicher noch nicht so viel erreicht. Auch begeisterte sie Kinder in zwei Biologiekursen, wofür wir ebenso danken!

Nicht zuletzt ein Dankeschön an den Verlag, der geduldig und immer hilfreich zur Stelle war.

Die Autoren

Bergsmann Roswitha Dr.: Fachärztin für Psychiatrie und Neurologie, Regulationsmedizinerin, Ärztin für Psychotherapie in Ausbildung (Integrative Gestalttherapie), Gründungsmitglied und Präsidentin des „Österreichischen Vereins für hochbegabte Kinder", Mutter zweier höchstbegabter Kinder

Heinbokel Annette Dr.: Dipl. Pädagogin, Lehrerin, Gründungsmitglied der „Deutschen Gesellschaft für das hochbegabte Kind"

Köhler Thomas Dr.: Leiter des Ressorts für Begabtenförderung im Bundesministerium für Bildung, Wissenschaft und Kultur

Oswald Friedrich Univ. Prof. Dr.: Leiter des Instituts für die schulpraktische Ausbildung – Universität Wien

Richter Andrea DDr.: Leiterin der Beratungsstelle für Hochbegabung im Landesschulrat für Niederösterreich – schulpsychologischer Dienst

Tolan Stephanie S.: Mutter eines höchstbegabten Kindes, amerikanische Autorin

Urban Klaus K. Univ. Prof. Dr.: Universität Hannover, Fachbereich Erziehungswissenschaften, Vize-Präsident des World Council for Gifted and Talented Children

Nicht namentlich gekennzeichnete Artikel stammen von Mitgliedern des österreichischen Vereins für hochbegabte Kinder, die Namen der Autoren sind dem Verein bekannt.

Inhaltsverzeichnis

Vorwort

Das Buch entstand aus dem Wunsch heraus, kompetente Information über Hochbegabung in möglichst komprimierter Form zu vermitteln, um den Einstieg in die Thematik zu erleichtern, das Interesse daran zu fördern, Denkanstöße für die Praxis zu geben und Verständnis zu wecken.

Erfreulicherweise konnten hierzu namhafte Autoren gewonnen werden, denen wir hier noch einmal ganz herzlichst danken. Immer wieder stehen sie mit Rat und Tat, Verständnis und Hilfe zur Seite – auch dafür sei gedankt!

Prof. Dr. Urban aus Hannover ist Präsident-elect des World Council for Gifted and Talented Children und geistiger Mentor unseres Vereins, sowie in unserem Wissenschaftlichen Beirat, hat seit ca. 20 Jahren einen Namen auf dem Gebiet Hochbegabung und eine Unmenge von Publikationen veröffentlicht. Er testet selbst Kinder und hat handfeste praktische Erfahrung.

Dr. Heinbokel ist in der Deutschen Gesellschaft für das hochbegabte Kind langjähriges Vorstandsmitglied, ist Pädagogin, schrieb ebenfalls zahlreiche Veröffentlichungen, u. a. ein Buch über Überspringen von Klassen (Retrospektive Studie von Überspringern in Deutschland), unterrichtet selbst, berät und gilt ebenfalls als Spitzenkapazität.

DDr. Richter vom NÖ-Schulpsychologischen Dienst ist in Österreich eine der wenigen, die große praktische Erfahrung mit solchen Kindern, vor allem mit deren Testung hat. Mittlerweile auch in der Lehrerfortbildung tätig wird sie österreichweit geschätzt. Sie hat sehr viele Kinder unseres Vereins getestet, hat 2 Biologiekurse für sie geleitet – ihr ist Praxisnähe vertraut.

Prof. Dr. Oswald ist einer der ersten, der in Österreich Handlungsbedarf und Notwendigkeit erkannt und Hochbegabungsförderung gefordert hat. Unermüdlich setzt er sich für eine begabende Umwelt und um die Lehrerausbildung ein. Auch er ist immer wieder zu Rat und Hilfe bereit.

Dr. Köhler vom Unterrichtsministerium ist Ressorleiter für Begabtenförderung, der mit Ausdauer und Zähigkeit das Thema nicht mehr in die Schublade verschwinden ließ. Er schätzt unseren Verein und unterstützte die Broschüre mit ATS 25.000,– Subvention, worüber wir sehr dankbar sind.

Mit einigen Erlebnisberichten soll die Nähe zum Alltag und zur Praxis hervorgehoben werden. Erfreulich ist, daß in letzter Zeit positive Berichte häufiger werden. Dies zeigt, dass tatkräftiges Engagement vieler Beteiligten zu greifen beginnt! Allen Engagierten sei hierorts gedankt, denn sie helfen letztlich allen betroffenen Kindern, indem sie Zweiflern die Sinnhaftigkeit der Bemühungen um diese Kinder aufzeigen und hoffentlich so zur Nachahmung anregen!

Bei einzelnen Themen wurden bewußt Überschneidungen in Kauf genommen, um verschiedenste Blickwinkel zu diversen Fragestellungen zu ermöglichen. Nicht alle Aspekte konnten berücksichtigt, viele nur angerissen oder aufgezeigt werden.

Weiters wurde versucht die Grundideen und Arbeitsweise des Österreichischen Vereins für hochbegabte Kinder, der seit 1994 existiert, vorzustellen. Es sollte auch darauf hingewiesen werden. daß Hochbegabung nicht nur die betroffenen Kinder und Jugendlichen, die Schulen und Lehrpersonen betrifft, sondern auch die Familien. Denn diese leiden oft nicht nur unter sozialen und organisatorischen Belastungen, auch die finanzielle Situation wird erheblich beeinflußt.

Hochbegabt zu sein ist eine Chance! Ob sie genützt werden kann, hängt vor allem von der Umgebung ab, ob diese förderlich oder behindernd ist, ablehnend oder annehmend. Geben wir den Kindern und Jugendlichen eine Chance und die Hilfestellungen, die sie brauchen! Denn Hochbegabung ist etwas Schönes und Kostbares und jeder sollte sich darüber freuen dürfen!

In Österreich selbst gibt es noch wenige Bücher über Hochbegabung. Das Wort Hochbegabung wurde zur Zeit unserer Gründung aus vielerlei Gründen durch Ausweichvokabeln, wie Begabungsförderung, Begabtenförderung, Begabende Umwelt, etc. ersetzt. Prof. Dr. Oswald hielt als erster eine Ringvorlesung über Begabtenförderung ab, die kürzlich in Buchform erschienen ist, sodaß zu hoffen ist, dass Hochbegabung bald auch in der Ausbildung einen fixen Platz hat.

Denn letztlich ist Hochbegabung nicht nur individuell und familiär von Bedeutung, sondern auch von volkswirtschaftlicher Wichtigkeit, denn jede vergeudete Hochbegabung ist verlorenes Volksvermögen.

Was ist der „Österreichische Verein für hochbegabte Kinder"?

R. Bergsmann

Der ÖVHK wurde 1994 von einer Elternselbsthilfegruppe gegründet und sieht sich als Interessensvertretung und Sprachrohr hochbegabter Kinder und Jugendlicher, deren Eltern, sowie all jener, die an der Thematik „Hochbegabung" interessiert bzw. direkt von ihr betroffen sind (Pädagogen, Psychologen, Ärzte, Psychotherapeuten, Sozialarbeiter u.v.m.).

Die Tätigkeit des Vereins ist österreichweit, parteiungebunden und nicht auf Gewinn ausgerichtet. Sie dient allein der Hilfestellung und Förderung hochbegabter Kinder und Jugendlicher durch

1. Schaffung und Vergrößerung des Problembewußtseins in der Öffentlichkeit und bei Behörden (Bund, Land, Gebietskörperschaften) mit dem Endziel der möglichst integrativen Förderung hochbegabter Kinder und Jugendlicher in Regelkindergärten, Regelschulen und Universitäten entsprechend ihrem jeweiligen intellektuellen, emotionalen und sozialen Entwicklungsstand. Letztlich sollte eine breite Palette individueller Fördermaßnahmen zur Verfügung stehen, aus der jeweils die individuell bestmöglichst passenden flexibel ausgewählt und in die Praxis umgesetzt werden können – mit möglich geringem bürokratischen Aufwand für alle Beteiligten. Neben dem Überspringen einer Schulstufe müssen noch viele andere Fördermöglichkeiten in der Regelschule geschaffen werden, da nicht alle Hochbegabten überspringen wollen oder können.

2. Sensibilisierung von Eltern und allen mit Kindern und Jugendlichen betrauten Personen, daß Kinder aller Bevölkerungsschichten hochbegabt sein können und daß sich Hochbegabung – entgegen noch immer weit verbreiteter Ansicht – nur ganz selten „von selbst durchsetzt". Besondere Begabungen brauchen Akzeptanz und spezielle Förderung, um sich entfalten und entwickeln zu können. Nichterkennen bzw. Negieren des Phänomens Hochbegabung hingegen können auch Schaden und persönliches Leid verursachen.

3. Hilfestellung bei der Identifizierung von Hochbegabung.

4. Hilfestellung bei Problemlösungen verschiedenster Art im Zusammenhang mit Hochbegabung.
5. Aufbau von Gruppen von Kindern und Jugendlichen für gemeinsame Aktivitäten wie Spiel, Lernen, kulturelle Veranstaltungen, sowie einfaches „Beisammensein" etc.
6. Erfahrungsaustausch zwischen Eltern, Kindern, Jugendlichen, Pädagogen, Psychologen uvm.
7. Erfahrungsaustausch und Kontakte mit in- und ausländischen einschlägigen Vereinen und Gruppen.
8. Zusammenbringen betroffener Familien (auf Wunsch).
9. Aufbau einer vereinseigenen Bibliothek, eines Lernmittel-, Lehrmittel- und Spielepools, sowie einer Beratungsstelle.
10. Fernziel „Patenschaften" für hochbegabte Kinder und Jugendliche.

Der ÖVHK ist Mitglied der ECHA (European Council for high ability).

Sein Wissenschaftlicher Beirat setzt sich aus internationalen und nationalen Kapazitäten auf dem Gebiet der Hochbegabung zusammen.
1. Mag. E. Mayerhofer-Grillmayr (Universität Salzburg)
2. Dr. R. Mitschka (Wien)
3. Univ. Prof. Dr. F. Oswald (Universität Wien)
4. DDr. A. Richter (Schulpsychologie St. Pölten)
5. Univ. Prof. Dr. K. Urban (Universität Hannover)

Der ÖVHK hat gute Kontakte zu vielen Schulbehörden (Ministerium, diversen Landesschulräten, Bezirksschulräten, diversen Schulpsychologischen Diensten), aber auch zu verschiedenen Schulen und Kindergärten. Immer wieder konnte Handlungsbedarf aufgezeigt werden. Oft wurden wir als „Berater aus der Praxis" beigezogen, aber auch als „Mittler" zwischen „Behörden" und „Privatpersonen". Häufig gelang es, anfänglich ausweglose Situationen letztlich zum Wohlgefallen aller Beteiligten zu verändern. Gelegentlich sind es nur Kleinigkeiten, die bei Kenntnis und gutem Willen der Beteiligten das Leben für alle erleichtern können, oft bedarf es mehr Aufwand und fachspezifische Beratung oder Hilfe. Für jeden das Richtige oder zumindest eine positive Weichenstellung zu finden, ist unser höchstes Ziel!

Denn Hochbegabung ist etwas Schönes und man sollte sich darüber freuen dürfen. Die betroffenen Kinder und Jugendlichen sollen zu sich selbst stehen und ihre Begabungen auch entwickeln dürfen. Vielleicht können und wollen sie diese Begabungen später einmal der Allgemeinheit zur Verfügung stellen.

Ist das ein Gepard?

Stephanie S. Tolan

Der Gepard ist das schnellste Tier auf der Erde. Wenn wir an einen Geparden denken, denken wir wahrscheinlich als erstes an seine Geschwindigkeit. Sie ist auffallend, eindrucksvoll und einmalig. Und es macht die Identifzierung sehr einfach. Der Gepard ist das einzige Tier, das mit 100 km/h laufen kann; folglich wenn man ein Tier beobachtet, das 100km/h läuft, **dann ist es ein Gepard**.

Aber Geparden laufen nicht immer. Tatsächlich können sie diese Geschwindigkeit nur kurze Zeit aufrecht erhalten. Danach benötigen sie eine längere Ruheperiode.

Es ist nicht allzu schwer, einen Geparden zu erkennen, wenn er nicht läuft, vorausgesetzt man kennt einige seiner Charakteristika. Er hat ein goldenes Fell mit schwarzen Flecken, wie ein Leopard, aber er hat auch typische tränenförmige Flecken unter den Augen. Sein Kopf ist schmal, sein Körper schlank, die Beine sind ungewöhnlich lang – alles typische Merkmale eines Läufers. Der Gepard ist auch der einzige Vertreter der Katzen, der seine Krallen nicht einziehen kann. Andere Katzen ziehen ihre Krallen ein, um sie scharf zu halten, wie Messer in einer Scheide. Die Krallen des Geparden sind jedoch nicht zum Schneiden gebaut, sondern um ihm Halt zu geben. Dies ist ein Tier, das von der Natur dafür gebaut wurde, um zu rennen.

Hauptnahrung sind Antilopen, die selbst hervorragende Läufer sind. Antilopen sind nicht groß oder schwer, daher braucht der Gepard auch nicht übermäßig viel Kraft oder Masse, um sie zu überwältigen. Er braucht nur Geschwindigkeit. Auf den weiten Ebenen seines natürlichen Lebensraumes kann der Gepard eine Antilope allein durch seinen schnellen Lauf erlegen.

Aber die Natur hat den Geparden nicht nur mit einem perfekt konstruierten Körper ausgestattet, sie gab ihm auch einen kraftvollen inneren Antrieb. Ein Gepard muß laufen.

Trotz des Körperbaus und des Antriebs müssen doch noch einige Bedingungen erfüllt werden, damit der Gepard seine einmaligen 100km/h erreichen kann.

Er muß voll ausgewachsen sein. Er muß gesund, fit und ausgeruht sein. Er muß viel Platz zum Laufen haben. Außerdem ist er am besten für den Lauf motiviert, wenn er hungrig ist und Antilopen für die Jagd vorhanden sind.

Wird der Gepard in einem 3x4m Käfig gehalten, wird er in rastloser Frustration im Kreis gehen oder sich gegen die Gitter werfen, aber er wird keine 100km/h laufen.

Ist er dann noch immer ein Gepard?

Stehen dem Geparden nur 30km/h schnelle Hasen als Beute zur Verfügung, wird er während der Jagd nicht 100km/h laufen. Würde er es dennoch versuchen, würde er an seiner Beute vorbeiflitzen und hungrig bleiben! Möglicherweise wird er zur Entspannung, zur Übung oder zur Erfüllung seines inneren Triebes rennen, aber wenn er nur Hasen zu fressen bekommt, wird er nur gerade so schnell laufen, um den Hasen zu erlegen.

Ist er dann noch immer ein Gepard?

Wird ein Gepard mit Zoonahrung gefüttert, wird er möglicherweise überhaupt nicht rennen.

Ist er dann noch immer ein Gepard?

Wenn ein Gepard krank ist oder sich ein Bein gebrochen hat, wird er nicht einmal mehr gehen.

Ist er dann noch immer ein Gepard?

Und schließlich wenn ein Gepard erst sechs Wochen alt ist, kann er noch nicht einmal schnell laufen.

Ist er dann nur ein „potentieller" Gepard?

Für einen Löwen, einen Tiger, einen Leoparden – für jede andere Großkatze – würden die biologischen Eigenheiten des Geparden wie Mißbildungen wirken. Nicht nur wäre der Gepard nicht „die beste Katze", er würde sich kaum als Katze qualifizieren. Er ist nicht massig genug, um ein Gnu zu erlegen. Seine nicht einziehbaren Krallen sind nicht scharf genug, um die dicke Haut des Gnus aufzureißen. Und wenn man die Neigung des Geparden zur Aktivität bedenkt, würde er von den Großkatzen, die ihre Zeit meist mit langen Ruheperioden in der Sonne verbringen, sicherlich als hyperaktiv bezeichnet werden.

Unsere Schulen sind jedoch für außerordentlich begabte Kinder, was ein Zoo für einen Geparden ist. Viele Schulen stellen 3x4m Käfige zur Verfügung und geben damit dem ungewöhnlichen Geist keinen Raum, um Spitzengeschwindigkeiten zu erreichen. Viele hochbegabte Kinder sitzen in ihren Klassenzimmer wie

Großkatzen in ihren Käfigen sitzen, mit trübem Blick und still. Einige, die ihrem inneren Antrieb nicht widerstehen können, schleichen entlang der Stäbe, knurren oder schlagen nach ihren Wärtern, oder sie werfen sich gegen die Stäbe, bis sie sich selbst verletzen.

Selbst offene und aufgeklärte Schulen gestalten oft eine Umwelt, die der Umgebung entspricht, die ein Gepard in einem aufgeklärtem Zoo erhält. Sie erlauben mäßiges Laufen, aber geben nicht genug Raum für einen heranwachsenden Geparden, um die Muskeln und die Ausdauer zu entwickeln, die notwendig sind, um ein 100km/h schneller Läufer zu werden. Kinder in Käfigen oder Gehegen werden, ganz egal wie intelligent sie sind, selten als hochbegabt erscheinen. Und wird ihr Geist zu lange vom Training abgehalten, werden diese Kinder nie in der Lage sein, jenes geistige Niveau zu erreichen, für das sie eigentlich gebaut waren.

In manchen Schulen wird von brillanten Kinder etwas verlangt, wozu sie nicht geschaffen sind (als würde man von einem Geparden verlangen, daß er mit seinen Krallen die Haut des Gnus aufreißt – denn immerhin: Löwen schaffen es!), während jene Eigenschaften, die natürliche Teile ihrer besonderen Fähigkeiten sind – Intensität, Leidenschaft, hohes Energieniveau, Unabhängigkeit, moralisches Argumentieren, Neugier, Humor, ungewöhnliche Interessen und das Bestehen auf Wahrheit und Genauigkeit – als Probleme angesehen werden, die eine Korrektur verlangen.

Hochbegabte Kinder können das Gefühl erhalten, von Löwen umgeben zu sein, die sich über sie lustig machen oder sie wegen ihrer Eigenheiten ausgrenzen, ja die sogar versuchen könnten, ihnen die Beine zu brechen oder sie unter Drogen zu setzen, um sie dazu zu bringen, sich langsamer zu bewegen – eben wie es sich für einen Löwen geziemt. Wundert es da, daß sie versuchen zu entkommen, oder sich ein Löwenfell überzustreifen, um nicht erkannt zu werden, oder zu kämpfen?

Hochbegabung – was ist das?
Identifikation und Förderung in der Grundschule

Klaus K. Urban

Jeder ist einzigartig

Die pädagogische Diskussion der letzten Jahre hat verstärkt auf die individuelle Eigenart eines jeden Kindes hingewiesen, auf die Bedeutung der individuellen Lernstruktur und die Notwendigkeit der Entwicklung zu einer eigenständigen autonomen, aber sozial eingebundenen Persönlichkeit. Dabei kommt zunehmend auch eine (kleine) Gruppe von Kindern in den Blick, die oft noch nicht angemessene Berücksichtigung und Förderung erfahren, nämlich Kinder mit besonderen Begabungen und extrem hohen Lernfähigkeiten. Aber das auch ihnen zustehende Recht auf eine ihren Bedürfnissen, Möglichkeiten und Fähigkeiten angemessene Erziehung und Ausbildung ist anzuerkennen und in die Praxis umzusetzen. Dazu noch einige weitere einführende und grundsätzliche Bemerkungen.

Hochbegabung ist normal

Besonders Begabte (oder hier synonym verwendet: Hochbegabte) sind nicht eine besondere Spezies Mensch; begabt zu sein ist etwas normales. Gleichzeitig gilt, daß jeder Mensch einzigartig ist. Menschen mit besonderen Begabungen sind nicht nur je so unterschiedlich, wie es verschiedene Begabungen gibt, sondern auch in der Ausprägung und Besonderheit ihrer Begabungen verschieden.

Begabungen sind nicht festgelegte, fixierte Größen, sondern Entwicklungsprozessen in Interaktion mit Umweltbedingungen unterworfen.

Der lebenslange Veränderungsprozeß gilt auch für die Variablen des *„Begabt-Seins"*, des *„Begabt-Werdens"* und des *„Begabend-Seins"*, die bei einer im Prinzip hochleistungsfähigen Person zusammenwirkenden. Dieses dynamische Beziehungsgefüge ist für die *Entwicklung, Erkennung, Förderung sowie Leistung, Produktion und Wirkung hochbefähigter Menschen* stets mitzudenken.

Besondere Fähigkeiten entwickeln sich im Verlaufe der (frühen) Kindheit bzw. im Schulalter oder erst in der Jugendzeit oder gar im Erwachsenenalter. Wichtig ist, daß Kindern generell die Möglichkeit gegeben wird, besondere Begabungen auszubilden. Jedes normale Kind wird mit der allgemeinen Begabung, lernen zu können, geboren. Für die Weiterentwicklung spielen die Anregungen der materiellen und sozialen Umwelt eine wesentliche Rolle, insbesondere aber die Erwachsenen als Vermittler, als sog. Mediatoren des Lernens.

Besondere Begabungen aber können nur ausgebildet werden, wenn die allgemeinen Begabungen adäquat entwickelt werden. Damit also alle potentiell besonders begabten Kinder ihre besonderen Begabungen entwickeln können, ist es notwendig, daß alle Kinder eine qualitativ angemessene Anregung, Förderung und Erziehung genießen. Nur auf dieser Grundlage ist die Förderung besonderer Begabungen und damit besonders Begabter pädagogisch, psychologisch – und auch in einem demokratischen Sinne – effizient und gerechtfertigt.

Unterschiede sind normal

„Die Interaktion der Einzigartigkeit der Individuen mit der Einzigartigkeit ihrer Umwelten schafft Unterschiedlichkeiten, nicht Gleichheiten [clones]. Kinder zu erziehen bedeutet, sie in Exzellenz zu erziehen und ihnen gleiche Möglichkeiten zu geben, ihre individuellen Unterschiede in Entsprechung zu ihren vielfältigen Fähigkeiten zu realisieren. Diese Fähigkeiten sind viel zahlreicher und wichtiger als solche, die allein durch IQ-Tests identifiziert werden, und Erziehung macht sie noch zahlreicher und noch wichtiger. Die Gesellschaft hat Bedarf für sie alle, im Überfluß." (Young & Tyre, 1992, S. 113, Übers. v. K.K.U.).

Definition und Konzept von besonderer Begabung

Im Rahmen dieses Aufsatzes kann auf diese umfassende Frage nur kurz eingegangen werden; ich verweise auf die in diesem Heft befindlichen Literaturlisten. Denn, ebensowenig, wie es die Hochbegabung gibt, läßt sich **die** Definition für Hochbegabung finden oder geben. Außerdem genügen Definitionen oft sehr unterschiedlichen Zwecken, in Alltag oder Wissenschaft, in Forschung oder Praxis. Solchen „Zwecken" unterliegen auch die immer wieder vorfindbaren Prozentangaben über die Häufigkeit von Begabten. Diese sind aber ebenso relativ beliebig wie die Setzung von Grenzwerten (z. B. beim IQ) oder die Verwendung von bestimmten Etiketten.

„Die verschiedenen Ausprägungsgrade bestimmter menschlicher Leistungen, von einfachen bis zu exzellenten – wobei auch Exzellenz sich durch Einfachheit, wenn auch in einem anderen Sinne, auszeichnen kann –, lassen sich im Prinzip auf einem Kontinuum abbilden. Es gibt keinen Grund, einen qualitativen Sprung zwischen begabt und besonders begabt anzunehmen" (Urban, 1990, S. 40).

Dies vorausgeschickt, kann Hochbegabung zunächst ganz allgemein wie folgt definiert werden: „Hochbegabt ist, wer in der Lage ist oder in die Lage versetzt werden kann, sich für ein Informationsangebot – auch aus seiner Sicht – hohen Niveaus zu interessieren, ihm zu folgen, es zu verarbeiten und zu nutzen" (Geuß & Urban, 1982, S. 93). Dabei spielen die große Breite, das hohe Niveau, die tiefe Verarbeitung und die effektive Anwendung der Informationen, Daten, Erfahrungen eine wesentliche Rolle. Informationen werden also nicht nur hocheffektiv *reproduktiv*, sondern auch *produktiv kreativ* verarbeitet. Zu hohen Leistungen kommt es, wenn unter positiven, förderlichen Umweltbedingungen hohe intellektuelle Fähigkeiten mit Kreativität und starker Anstrengungsbereitschaft (Motivation und Aufgabenwidmung) zusammenwirken. Abbildung 1 soll dieses Konzept von besonderen Begabungen illustrieren. Dabei können verschiedene Arten von besonderer Begabung (metaphorisch) als verschieden große, geformte und gelagerte Räume innerhalb der Doppelpyramide gedacht werden.

In diesem Beitrag sollen allgemein hohe intellektuelle Begabungen im Vordergrund stehen; außergewöhnlich hohe Potentiale in ganz spezifischen Talentbereichen, wie in musischen, künstlerischen, sportlichen Tätigkeitsbereichen können in der Schule sowieso nur ansatzweise gefördert werden und sind in der Regel auf (zusätzliche) außerschulische Unterstützung angewiesen. Die Berücksichtigung hoher sozialer und praktisch-instrumenteller Begabungen läßt in Wissenschaft, Theorie und Praxis noch zu wünschen übrig.

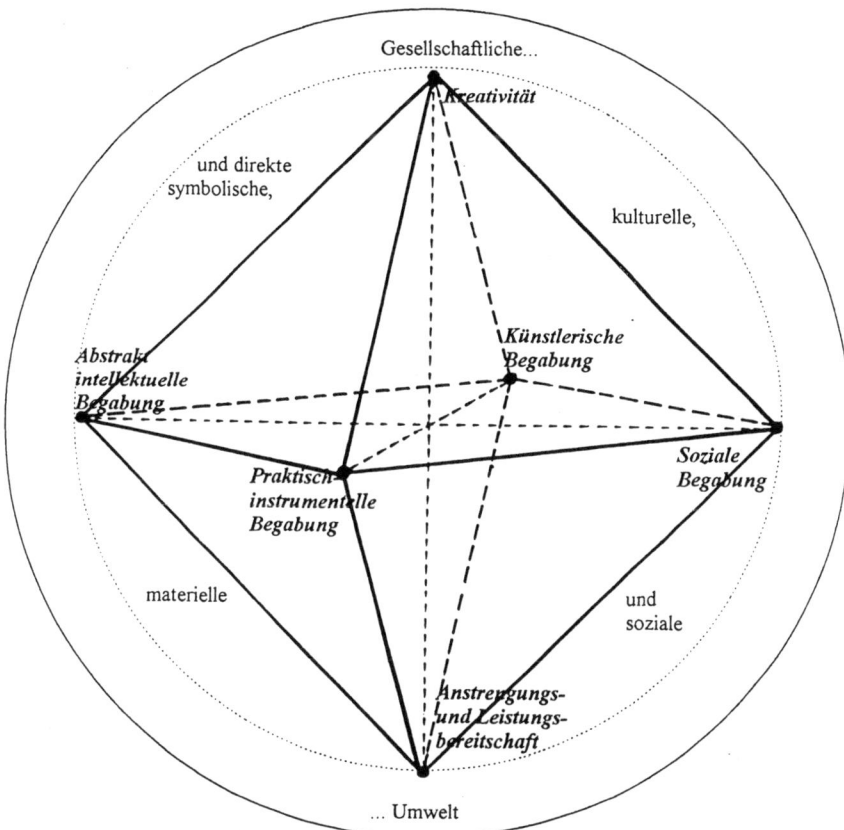

Abb. 1: Mehrdimensionales Begabungskonzept (vgl. Urban, 1990, S. 39ff)

Merkmale von Hochbegabung

Ganz allgemein gesagt, sind hochbegabte Kinder ihren Alterskameraden in Bezug auf ihre geistigen Leistungsfähigkeiten um ein oder mehrere Jahre voraus. Man spricht auch von kognitiven Entwicklungsvorsprüngen. Diese Leistungsfähigkeiten können sich in verschiedener Weise zeigen. Gute und anregende Entwicklungsbedingungen vorausgesetzt, können hochbegabte Kinder die nachfolgend genannten Verhaltensweisen und Merkmale entwickeln. Ihre Beobachtung durch aufmerksame Eltern sowie Pädagogen in Kindergarten oder Schule kann zur Erkennung besonderer Begabungen bei Kindern im Vorschul- und Schulalter beitragen. Hochbegabte Kinder zeigen in der Regel besonders ausgeprägtes Neugier- und selbständiges Erkundungsverhalten, (frühes) Warum-Fragen;

- gutes Beobachtungsvermögen, schnelle und effektive Auffassungsgabe, auch bei komplexeren Aufgaben;
- breit gestreute, vielfältige Interessen oder auch einseitig in die Tiefe gehende Beschäftigung mit einem (für das Alter unüblichen) Spezialgebiet, Hobby;
- frühe Abstraktions- und Übertragungsleistungen;
- besonders frühes Interesse an Buchstaben, Zahlen und anderen Zeichen;
- Vorliebe für sammelnde, gliedernde und ordnende Tätigkeiten;
- besondere Flüssigkeit im Denken; Finden neuer, origineller Ideen (in Sprache oder mit Materialien);
- frühes reflexives und logisches Denken;
- hervorragende Gedächtnisleistungen, z. T. auf bestimmte Bereiche beschränkt;
- hohe Konzentrationsfähigkeit und außergewöhnliches Beharrungsvermögen bei selbst-gestellten Aufgaben (meist im intellektuellen Bereich) und anspruchsvollen Spielen;
- wenig Spaß an ständigen Wiederholungen oder Routinetätigkeiten;
- selbst-initiiertes und häufig selbständig angeeignetes Lesen zwischen dem 4. und 6. Lebensjahr;
- sehr (frühes) ausdrucksvolles, flüssiges Sprechen mit häufig altersunüblichem, umfangreichem Wortschatz;
- ausgeprägte „Eigenwilligkeit", starkes Bedürfnis nach Selbststeuerung und Selbstbestimmung von Tätigkeiten und Handlungsrichtungen;
- hohes Anspruchsniveau an andere und sich selber, perfektionistisch;
- einen besonderen Sinn für Humor;
- besonders Bedürfnis nach (emotionaler) Zuwendung;
- starken Gerechtigkeitssinn und hohe (kognitive) Sensibilität für soziale Beziehungen und moralische Fragen, Verantwortungsbewußtsein;
- deutliches Führungsverhalten oder Außenseiterstellung;
- geringeres Bedürfnis an Sozialkontakten zu Gleichaltrigen, sondern eher Hinwendung zu Gleichbefähigten, älteren Kindern oder Erwachsenen (vgl. Urban, 1992).

Die genannten Verhaltensweisen oder Merkmale müssen nicht alle gleichzeitig bei jedem besonders begabten Kind vorzufinden sein. So ist sehr frühes, selbst initiiertes Lesenlernen in aller Regel zwar ein sehr zuverlässiger Hinweis für besonders hohe (intellektuelle) Begabung, andererseits bedeutet das Fehlen dieses Merkmals nicht zwangsläufig nur normale oder mindere Begabung (Urban, 1990). Die jeweiligen intellektuellen Profile können also sehr verschieden ausgeprägt sein.

Anregung ist notwendig

Wesentlich für einen positiven Verlauf der frühkindlichen (Kognitions-)Entwicklung scheint zu sein, daß das ausgeprägte Erkundungsverhalten von besonders begabten Kindern schon im vorschulischen Alter ausreichend Anregungen bzw. „Material" vorfindet, daß ihr frühes Interesse an (altersunüblichen) Gegenständen, Sachverhalten und Fragestellungen ein angemessenes Echo oder Angebot erfährt. Eltern – und das gilt im Prinzip für ErzieherInnen und später für LehrerInnen ebenso – müssen in hohem Maße sensibel sein für nicht nur verbales Frageverhalten des Kindes, sie müssen offen sein für seine selbstbestimmten und -gesteuerten Tätigkeiten, flexibel und breit im Angebot an Unterstützung und Vermittlung (Mediation), *wenn dies vom Kind gefordert ist.* Die inhaltlichen Anregungen müssen dem *Prinzip der Passung* entsprechen, sie dürfen fordernd, aber nicht überfordernd sein. Es gilt, das richtige Maß an erzieherischer Begleitung, notwendiger und gefragter Mediation, teilnehmender Beobachtung, Akzeptieren kindbestimmter, „autonomer" kindlicher Aktivitäten zu finden.

Für andere (nicht-intellektuelle) Persönlichkeitsbereiche lassen sich keine verallgemeinerbaren Entwicklungsvorsprünge oder generell charakterisierende Unterschiede aufzeigen; es sei denn, die entsprechenden Merkmale haben vorwiegend etwas mit intellektueller Verarbeitung zu tun, wie z. B. bei sozialer Kognition. In der Literatur wird häufiger versucht, solche verallgemeinernden (Check-)Listen mit Persönlichkeits- und Verhaltensmerkmalen aufzustellen; diese sind jedoch selten objektiv empirisch belegt (Urban, 1990; Stapf, 1995). Gleichwohl erfüllen sie häufig einen ersten sinnvollen pragmatischen Zweck hinsichtlich der Sensibilisierung für Hochbegabungen bei Kindern. Sicher ist gleichzeitig, daß erhebliche individuelle Unterschiede zwischen hochbegabten Kindern bezüglich ihrer Persönlichkeitscharakteristika und Niveaus der sozialen Reife zu beobachten sind.

Nicht alle haben die gleichen Chancen

Nach den obigen Ausführungen spielen also häusliche Anregung und Förderung eine wesentliche Rolle bei der Begabungsgenese; damit wird gleichzeitig deutlich, daß Kinder in unterschiedlichen Familien unterschiedliche Voraussetzungen finden für die Entwicklung ihrer Begabung(en). So gesehen haben sowohl Kindergarten als auch Schule im Sinne einer Chancengerechtigkeit bezogen auf die Ausgangssituation eine wesentliche kompensatorische Funktion. Sensible Erzieherinnen, die die je individuellen Besonderheiten erspüren und beobachten, vermögen die Spiel- und Lernumwelten so anregend zu gestalten, daß die Kinder ihre besonderen Begabungen entwickeln können. Die Auswirkungen unterschiedlicher familiärer Bedingungen dürfen nicht durch institutionelle Erziehung zementiert werden.

Abgesehen vom Verlust individueller Entwicklungsmöglichkeiten können nicht entwickelte oder unterdrückte, „behinderte" Begabungen zu Persönlichkeitsbeeinträchtigungen und Verhaltensauffälligkeiten führen, die sowohl vom Individuum als auch den Personen seiner Umwelt als negativ und belastend empfunden werden können.

Auf die Einstellung kommt es an

Für das Erkennen, Benennen und Fördern von Kindern mit besonderen Begabungen sind eine Reihe von Voraussetzungen, Einstellungen und Kompetenzen auf seiten der Eltern, Erzieherinnen und Lehrkräfte zu bedenken.

Tragender Grund für die Erkennung und Förderung von Begabungen ist ein Menschenbild, in dem die Wertschätzung jedes einzelnen Individuums mit seinen individuellen Möglichkeiten, Fähigkeiten und Bedürfnissen von zentraler Bedeutung ist. Weiterhin wesentlich ist die Einstellung (und das Wissen), daß das Auftreten von besonderen Begabungen „normal" ist, und die selbstverständliche Erwartung, daß unter den Kindern einer Gruppe oder Klasse auch hochbegabte Kinder sein können. Ohne eine solche Einstellung und Erwartung auf seiten der Erzieherin oder Lehrkraft werden hochbegabte Kinder es schwer haben, erkannt zu werden, denn die Wahrnehmung bleibt sonst ohne entsprechende Orientierung, und mögliche Begabungssignale werden anders oder falsch interpretiert werden.

Die „Negativ-Brille"

Um die Wichtigkeit einer positiven Erwartung und Einstellung noch einmal plastisch hervorzuheben, sollen eine Reihe der oben genannten Merkmale anders formuliert und interpretiert, sozusagen durch eine „Negativ-Brille" gesehen werden:
– steckt seine Nase in alles, fragt dauernd dazwischen
– mischt sich in alles ein
– kann nicht langsam und ordentlich arbeiten, ist immer früher fertig als die anderen und nervt dann
– will alles besser wissen, zeigt „altkluges Gehabe"
– beschäftigt sich mit merkwürdigen Dingen, hat unnormale Interessen
– hat abstruse Ideen, schreibt verrückte Geschichten
– ist pingelig oder aber chaotisch
– erinnert sich an alles Mögliche, nur nicht an das, was er/sie soll

- paßt selten auf, kriegt trotzdem alles mit
- will nicht üben, verweigert meistens die Hausaufgaben
- kann sich aber hartnäckig mit etwas beschäftigen, ist nicht davon abzubringen
- ist arrogant und benutzt gestelzte, aufgeplusterte Sprache
- redet wie ein Wasserfall, findet kein Ende
- läßt sich schwer lenken, ist undiszipliniert, will alles anders machen
- will andere herumkommandieren oder sondert sich von Kameraden ab, zeigt unsoziales Verhalten

Bei Kindern, die *nur* so gesehen werden, bei denen diese Verhaltensweisen nicht weiter hinterfragt werden, dürften die möglichen besonderen Fähigkeiten kaum als solche erkannt werden.

Die positiv „erwartende Einstellung" vorausgesetzt gilt es, Verhaltensweisen von Kindern zu erkennen, die auf besondere Begabungen schließen lassen. Dazu bedarf es sorgfältiger Beobachtung und letztlich entsprechender Sachkompetenz, d. h. häufig zusätzlicher fachmännischer Unterstützung.

Hochbegabte identifizieren

Es gibt mehrere Möglichkeiten, um entsprechende Beobachtungen abzusichern. In Kindergarten und Schule wird die Erzieherin oder Lehrkraft als erstes dem Kind ähnliche und neue herausfordernde Handlungsmöglichkeiten anbieten, um zu sehen, wie sich das Kind verhält. Dabei kann das Gespräch mit einer Kollegin und die zusätzliche Beobachtung durch diese sehr hilfreich sein. Eine in aller Regel gute, sozusagen natürliche Informationsquelle stellen die Eltern des Kindes dar, die dieses ja seit der Geburt „beobachtet" haben. Im gemeinsamen Gespräch dürften sich schon viele Beobachtungen und Interpretationen klären, relativieren oder verstärken. Auch außerschulische besondere Interessen, Hobbys und Fähigkeiten sollten dabei Berücksichtigung finden. Schließlich sollte noch eine pädagogisch-psychologisch geschulte Fachkraft mit einschlägigen Erfahrungen hinzugezogen werden; dies wird gerade in schwierigen Fällen unerläßlich sein. Die Fachkraft wird neben Gesprächen auch verschiedene diagnostische Instrumente einsetzen, die den Beobachtungs- und Klärungsprozeß zusätzlich stützen können. Solche Verfahren können zum einen Fragebögen zur Persönlichkeit und ihrer Entwicklung, zum anderen Intelligenz- und Kreativitätstests sein. Wir wissen, daß Intelligenz, wie sie in Intelligenztests gemessen wird, nur einen Teil der Schulleistungsvarianz aufklärt; gleichwohl bleiben diese Instrumente wichtige Hilfsmittel im diagnostischen Prozeß.

Nicht alle werden erkannt

Ein guter Teil hochbegabter Kinder wird also von aufmerksamen Erzieherinnen und Lehrkräften, Eltern und Psychologen erkannt werden; diese Kinder zeigen und „demonstrieren" ihre besonderen Fähigkeiten mehr oder weniger „offensichtlich", weil sie Gelegenheiten hatten und haben, sie zu entwickeln und zu zeigen. Daneben aber gibt es eine in ihrer Anzahl oft unterschätzte Gruppe von Kindern mit besonderen Potentialen, die diese jedoch nicht entsprechend entwickeln konnten oder die ihre besonderen Fähigkeiten nicht (mehr) in Leistung umsetzen. Zu diesen „versteckten Hochbegabungen" gehört auch die Gruppe der sog. „Underachiever". Die Gründe für solches Underachievement, für solche „erwartungswidrigen Minderleistungen", können vielfältiger Art sein: mangelnde Anregungsbedingungen und Unterstützung, Lern-Behinderungen durch äußere Umstände, Nicht-Wahrnehmen oder fehlende Akzeptanz besonderer Fähigkeiten, Überangepaßtheit an Normen und Durchschnitt. Solche potentiell hochleistungsfähigen Kinder, die entweder angepaßt und unauffällig sind, vielleicht lustlos und desinteressiert, oder aber sozial-emotional auffällig, vielleicht gar aggressiv, zu erkennen und aufzufangen, zu fordern und zu fördern, ist eine schwierige Aufgabe und Herausforderung für jede Pädagogin und Lehrkraft.

Die Bedeutung passender Handlungsmöglichkeiten

Gerade im Zusammenhang mit diesen Kindern soll noch einmal darauf hingewiesen werden, daß potentielle Beobachtungen davon abhängig sind, ob Kinder auch entsprechende herausfordernde Möglichkeiten haben, ihre besonderen Fähigkeiten zu entwickeln und zu zeigen. Ohne angemessene Handlungsmöglichkeiten für die Kinder wird ein Beobachter auch keine Handlungen beobachten können, die auf außergewöhnliche Fähigkeiten hinweisen. Genau so wichtig wie die Erwartung und das Erkennen ist, daß Erzieherinnen und Lehrkräfte Hochbegabungen „zulassen" und akzeptieren können, ohne sich in ihrer Persönlichkeitsstruktur verunsichert zu fühlen. Schließlich verdienen die besonderen Begabungen der Kinder entsprechende Unterstützung und Förderung, wie sie sich in einem begabungsentwickelnden und begabungsgerechten Förderangebot und Unterricht zeigt.

Die gesamte Persönlichkeit entwickeln und fördern

Wie bei allen Kindern muß auch bei hochbegabten das pädagogische Bemühen auf die möglichst harmonische Entwicklung der gesamten Persönlichkeit gerichtet sein. Wenn hochbegabte Kinder im frühen Alter vor allem durch ihre besonderen intellektuellen Bedürfnisse und Fähigkeiten auffallen, so besteht damit zugleich die Gefahr, daß die Aufmerksamkeit ihrer Umwelt sich zu stark nur auf diesen Bereich zentriert. Das aber würde zu einer schädlichen Vernachlässigung anderer Persönlichkeitsbereiche im Sinne der oben genannten ganzheitlichen Sicht des Individuums führen. Ein Kind, das schon im Vorschulalter durch ungewöhnliche Rechenkünste auffiel, würde nur noch als „Mathematiker" gesehen wird, und nicht als ein Kind, das ebenso oder noch mehr emotional-affektiver Zuwendung und Liebe bedarf, das das Erlebnis sozialen Austausches mit anderen braucht. Die Bereitstellung begabungsgerechter Spiel- und Lernmöglichkeiten darf sich nicht ausschließlich an der jeweiligen besonderen Begabung orientieren; die pädagogische Arbeit, und das gilt auch für die elterliche Erziehung, muß alle Persönlichkeitsbereiche berücksichtigen und ansprechen. Wichtig ist von daher, auch ein reichhaltiges Angebot an spielerischen, psychomotorischen und „künstlerischen" oder musischen Tätigkeiten bereitzuhalten, das nicht nur die intellektuelle Entwicklung des Kindes berücksichtigt, sondern auf eine allseitige und harmonische Persönlichkeitsentwicklung abzielt. Gleichzeitig sollen dadurch die individuellen besonderen Befähigungen oder ausgeprägten Interessensgebiete natürlich nicht unterdrückt werden; diese machen einen wesentlichen Teil einer sich entwickelnden Persönlichkeit aus und verdienen von daher der Ermutigung und Unterstützung. Während das Kind einerseits die Möglichkeit bekommen muß, intellektuell ähnlich begabte Kinder (Peers) als Spielpartner zu haben, ergeben sich in den anderen genannten Handlungsbereichen natürliche und wichtige soziale Kontakte zu Alterskameraden.

Merkmale und mögliche Folgen

Im folgenden werden eine Reihe der weiter oben genannten Merkmale noch einmal aufgegriffen. Es wird zum einen gezeigt, in welcher Weise sich daraus negative Konsequenzen für das Kind und in der Interaktion mit der Umwelt ergeben können. Auf diese möglichen konfliktträchtigen Folgen muß die pädagogische Arbeit sensibel reagieren bzw. vorbeugend eingestellt sein. Daher sind zum anderen pädagogische Handlungsmöglichkeiten im Sinne von Herausforderung und Förderung aufgeführt und tabellarisch nebeneinander gestellt. In der oberen Hälfte der Tabelle 1 (nach Clark, 1983, und Wieczerkowski, 1998) finden sich kognitive Merkmale mit Konsequenzen für kognitives Lernen und Unterricht, in der unteren Hälfte psycho-soziale Merkmale mit ihren möglichen Folgen für soziale Interaktionen und Lernziele für die Persönlichkeitsentwicklung.

Tabelle 1:

Fähigkeiten und Eigenschaften	Konfliktträchtige Handlungsfolgen	Pädagogische Handlungsmöglichkeiten
Hohe Informationsrate, gutes Gedächtnis	Unterforderung im regulären Unterricht, Langeweile, Ungeduld beim Warten auf langsamere Lerner; Stören	Anspruchsvolles (erweitertes, vertieftes) Angebot, Differenzierung, Vermeiden von Leerlauf und unnötiger Wiederholung
Hervorragendes Verständnis für Probleme und Sachverhalte	Abneigung gegen Wiederholungen verstandener Konzepte; oberflächliche Beziehungen zu weniger befähigten Mitschülern	Aufstellen eines anspruchsvollen Lehrplans; Ermöglichen von Kontakten mit intellektuellen Peers (entwicklungsgleichen Kindern)
Breites Interessenspektrum	Schwierigkeiten gegenüber gruppenkonformen Aufgaben; hohes Energieniveau; Gefahr sich zu verzetteln	Breites und vertieftes Angebot an Gegenständen; Ermutigung, individuelle Interessen und Ideen zu verfolgen
Hohes Sprachniveau	Dominanz im (Unterrichts-) Gespräch; Beharren auf Inhalten, die von anderen als „nicht zum Thema gehörend" abgewehrt werden; von anderen als überheblich wahrgenommen	Gelegenheit und Ermunterung zur ausführlichen sprachlichen Darstellung von Gedanken und Sachverhalten; selbständiges Schreiben
Fähigkeit zu originellen Lösungen und Ideen	Schwierigkeiten bei starrem Konformitätszwang; Widerstand bei autoritären Anweisungen; Gefahr der Verweigerung und Rebellion; von andern als „Spinner" abgetan	Möglichkeiten zu flexiblem und produktivem Denken einräumen; Ermunterung, sich an der Lösung sinnvoller Probleme zu beteiligen
Hohe Sensibilität	Große Verletzlichkeit gegenüber der Kritik anderer; starkes Bedürfnis nach Erfolg und Anerkennung	Lernen, die Gefühle und Erwartungen anderer zu erkennen und zu respektieren
Gefühl des Andersseins, Selbstbewußtsein	Selbstisolierung; Gefühl, nicht akzeptiert zu werden; Absinken des Selbstwertgefühls	Lernen, mit den eigenen Gefühlen positiv umzugehen
Starkes Bedürfnis nach Übereinstimmung von Sollen und Tun (ethischer Rigorismus), nach Gerechtigkeit; hohe moralische Ansprüche	Frustration infolge mangelnder Übereinstimmung von Ich und Umwelt; übersteigerter Selbstanspruch; Intoleranz; mangelndes Verständnis seitens der Mitschüler; Zurückweisung	Lernen, realistische Ziele zu setzen; Lernen, Widerstände und Rückschläge als Teil der eigenen Entwicklung zu akzeptieren; Lernen, mit eigenen Fehlern und der Unvollkommenheit anderer fertig zu werden
Ausgeprägter Sinn für Humor, Situationskomik und Ironie	Ironie als Mittel, andere zu attackieren; Beeinträchtigung zwischenmenschlicher Beziehungen	Lernen, wie das eigene Verhalten Gefühle und Verhalten anderer beeinflussen kann
Ausgeprägte Fähigkeit, ökologische und psycho-soziale Probleme zu erfassen und zu überdenken	Fehlende Möglichkeiten zum konstruktiven Gebrauch; Umschlagen in Dominanz und Selbstüberschätzung	Verständnis vermitteln für ein demokratisches Denken und Verhalten

Um die geraffte Darstellung in der Tabelle noch einmal an einem Beispiel zu erläutern: Bei einem hochbegabten Kind, das wegen seiner schnellen Auffassungsgabe und Informationsverarbeitung schon nach kurzer Zeit ein Arbeitsblatt fertig bearbeitet hat, ist es nicht sinnvoll, ein weiteres Arbeitsblatt mit gleichartigen Aufgaben zu geben; also nicht einfach nur mehr desselben, sondern weiterführende und vertiefende Aufgaben.

Formen der Förderung

In der Literatur werden gewöhnlich insbesondere zwei Formen der Begabtenförderung unterschieden:

Akzeleration als Förderung „in die Höhe", als „Beschleunigung" des Lernprozesses innerhalb der üblichen Lehrgängen oder Curricula. Ein schnelleres Fortschreiten im Stoff durch akzeleratives Fördern führt allerdings zu einer Vergrößerung des Schereneffekts innerhalb der Klasse und schließlich möglicherweise zum Springen in Einzelfächern oder zum Überspringen von Klassen. Letztere Möglichkeit wird leider mangels Erfahrung bzw. Vertrauen in die Lernfähigkeit von Schülern viel zu wenig genutzt.

Enrichment als Förderung „in die Tiefe oder Breite", als „Anreicherung" mit erweiternden und vertiefenden Inhalten. Enrichment führt weg vom Lehrgangsunterricht zum Angebotslernen im binnendifferenzierten Klassenunterricht und auch zu mehr oder weniger selbständigem Lernen in neigungsdifferenzierten Interessengruppen, Kursen oder Projekten.

In der Praxis wird man allerdings die beiden genannten Formen nur selten in reiner Form vorfinden oder durchführen können.

Schulische Differenzierung ist notwendig

Es wird deutlich, daß solch differenzierende pädagogische Arbeit sehr stark auf die individuellen Besonderheiten der einzelnen Kinder eingehen muß. Wenn wir gleichzeitig Integration als Maxime vorschulischer und schulischer Erziehung betrachten, dann wird ein hohes Maß an Differenzierung notwendig sein. Es gilt, Individualisierung, innere und eventuelle äußere Differenzierung so zu gestalten, daß die Spiel- und Lernaktivitäten der Kinder zur sozialen Integration aller Kinder beitragen. Individualisierung bedeutet also nicht Isolierung, ebenso wie integrativ nicht kollektiv bedeuten kann. Individualisierender Unterricht schafft durch die besondere Berücksichtigung individueller Fähigkeiten und Merkmale neue Möglichkeiten für kooperierendes, kommunikatives Lernen.

Maßnahmen der (inneren) Differenzierung und Individualisierung lassen sich in verschiedener Hinsicht verwirklichen; sie sollten die Organisation von Lernprozessen so zu bestimmen versuchen, „daß jedem Lernenden optimale Chancen eröffnet werden ... *Differenzierungskriterien* lassen sich in unterschiedlicher Absicht bestimmen" (Bönsch, 1991, S. 132). Sie können sich beziehen auf unterschiedliche Leistungen und Fähigkeiten, Interesse, Inhalte, Projekte, Medien, Zeitpunkte, Umfang, Arbeitsanforderungen, Gruppengröße, Zielstellung usw.

Öffnung des Unterrichts

Konzepte des sog. „Offenen Unterrichts" entsprechen in besonderer Weise diesem Anliegen. Die potentielle Variationsbreite offener Lernsituationen bietet zum einen Anknüpfungspunkte für ganz unterschiedliche Begabungen und damit zum zweiten Herausforderungen im Sinne eines begabungs-förder-diagnostischen Konzepts. Statt der Präsentation „fertiger Ergebnisse" ermöglichen offene Situationen es den Kindern, Fragestellungen aus den eigenen Interessen heraus nachzugehen, eigene Kenntnis- und Wissensbestände für Lernen zu nutzen und damit auch eigene Befähigungen, Talente, Fertigkeiten zum gemeinsamen Lernen beizusteuern. In offenen Spiel- und Lernsituationen wird für Erzieherin und Lehrkraft oft auch erst möglich zu erkennen, über welche spezifischen Kenntnisse, Begabungen, Interessen einzelne Kinder in der Tat verfügen. Bei gelenkter Beschäftigung und im schulischen Unterricht bleiben diese häufig unentdeckt, weil entsprechende Ausdrucks- und Handlungsmöglichkeiten fehlen (Schirp, 1992).

Projektmethode

Ein Beispiel für Unterrichtsmethoden, die sich als Alternative zum „klassischen Lehrkonzept" des Vortragens, Vormachen und Vorführens (Bönsch, 1991, S. 18f) verstehen, ist die Projektmethode in ihren verschiedenen Varianten, die den Grundprinzipien offenen Lernens entspricht (Wallrabenstein, 1991, S. 122): Lernen lebt von der aktiven Teilnahme beim Aufbau neuer Sinnstrukturen, ist selbstbestimmt, sprachlich vermittelt und sozial bedeutsam, vollzieht sich ganzheitlich, ist an konkrete Gegenstände, Situationen gebunden und zweckgerichtet, ist fortlaufend und hat Geschichte.

In Projekten kann mehrdimensional und handlungsorientiert gearbeitet werden; ihre Anforderungen an „Kopf, Herz und Hand" sind auch und gerade für intellektuell begabte Kinder von Wichtigkeit für eine positive, ganzheitliche Persönlichkeitsentwicklung. Die Projektmethode eignet sich ganz besonders zu gemeinsamer und zugleich differenzierter Arbeit; hier können besonders begabte Kinder ihre spezifischen Interessen und Begabungen einbringen.

Die veränderte Rolle der LehrerInnen

Solcherart „Öffnung" und Differenzierung von Unterricht bedeutet, daß die traditionelle Rolle einer frontal lehrenden und lenkenden Lehrkraft nicht länger trägt. Die Rollen von Erzieherin und Lehrkraft sind vielgestaltig: sie sind anregend, herausfordernd, beschützend, moderierend, stabilisierend, vermittelnd, teilnehmend und beobachtend, initiierend und instruierend, helfend und beratend, organisierend und modellierend, ermutigend und stützend, sie wirken als Experte und Freund (nach Urban, 1990).

Hier wie auch schon an anderen Stellen dieses Beitrages werden nicht unerhebliche Ansprüche an die pädagogischen und persönlichen Handlungskompetenzen von LehrerInnen gestellt; das soll nicht als Abschreckung dienen, sondern als Anregung, Aufforderung, Beispiel und Möglichkeit für einzelne LehrerInnen, für das Kollegium. Letztlich und in breiter Form einzulösen sind solche Erwartungen aber wohl nur, wenn Ziele, Inhalte, Organisationsformen und Methoden in der LehrerInnenaus- und -fortbildung angemessen auf diese Ansprüche hin formuliert, gestaltet, ausgefüllt und realisiert werden. Eine entsprechende Hochschul- und Seminardidaktik scheint erst in Ansätzen entwickelt.

Formen äußerer Differenzierung

Neben innerer Differenzierung bieten sich eine Fülle von (teilweisen) äußeren Differenzierungsmöglichkeiten an, die hier nicht im Detail aufgeführt werden können. Sie sind z. T. in der folgenden Tabelle enthalten. In amerikanischen Schulen haben sich neben speziellen Programmen mit Sonderklassen insbesondere sog. „pull-out"-Programme, bei denen die Schüler stunden- oder tageweise in besonderen Lerngruppen arbeiten, bzw. die individuelle oder (klein)gruppenweise Arbeit in den „resource-rooms", Lern- und Forschungswerkstätten, bewährt (Gallagher et al., 1982).

Tabelle 2: Organisationsformen eines (differenzierten) Unterrichts für besonders Begabte, klassifiziert nach dem Ausmaß allgemeiner sozialer Separation/Integration (nach Urban, 1993)

1. Private individuelle Erziehung
2. Spezial(internats)schule
3. Spezialklassen an Regelschulen
4. Teilzeitspezialklassen an Regelschulen
5. „Express"-Klasse mit akzeleriertem Curriculum
6. „Pullout"-Programme, einmal o. mehrmals wöchentlich
7. Teilzeit-Spezialklasse (eine o. mehr Stunden/Tage pro Woche)
8. Reguläre Klasse mit zusätzlichem „Resource Room"-Programm (s. Kap. 9)
9. Äußere Differenzierung nach Niveaugruppen in einem o. mehreren Fächern
10. Reguläre Klasse mit zusätzlichen Kursen oder Arbeitsgemeinschaften
11. Reguläre Klasse mit zusätzlicher Lehrkraft zur zeitweisen Individualisierung
12. Fach- oder zeitweise Teilnahme am Unterricht in höheren Klassen
13. Reguläre Klasse mit (teilweise) binnendifferenziertem (Gruppen-)Unterricht
14. Reguläre Klasse, nur bei (Begabungs-)Problemen spezielle Maßnahmen (oder nicht)
15. Reguläre Klasse ohne spezifische Binnendifferenzierung mit zusätzlicher außerschulischer individueller Mentorenbetreuung
16. Reguläre Klasse, zusätzliche außerschulische Aktivitäten, wie Nachmittags- und Wochenend-, kurse, Sommerschulen, -camps, Exkursionen, Korrespondenzzirkel, Wettbewerbe

Außerschulische Förderungsmöglichkeiten

Auch unter optimalen Bedingungen kann die Schule nicht immer und allen besonders Begabten gerecht werden; das gilt insbesondere für extrem hohe Begabungen oder bei spezifischen ausgeprägten Talenten, wie z. B. in der Musik. Hier kommt der Betreuung und Förderung durch *Experten und Mentoren* eine besondere Bedeutung zu (siehe Tabelle 2, Punkt 16).

Solange schulischen Möglichkeiten für eine angemessene Förderung besonders begabter SchülerInnen weiter eingeschränkt sind oder schlimmstenfalls sogar abgelehnt werden, kann nur die außerschulische, private Initiative weiterhelfen. In verschiedenen Ländern haben sich Elterngruppen und -vereine gegründet, die aus eigener Kraft Angebote zur Förderung machen, damit ihre Kinder zumindest einen Teil der leider noch zu oft vorfindbaren schulischen Frustrationen kompensieren, Lernfreude und -fähigkeit nicht verlieren, Freunde mit gleichen Interessen finden können. So gibt es Wochenendkurse, Nachmittagstreffs, Feriencamps. Inzwischen haben sich auch eine Reihe von Institutionen etabliert, die sich die Förderung besonders Begabter zum Ziele gesetzt haben. So begrüßenswert dies auch im Prinzip zu sein scheint, so dürfen doch zwei Gesichtspunkte dabei nicht außer acht gelassen werden. Zum einen dient die Förderung nur den schon offensichtlichen, manifesten Begabungen und ihrer weiteren Ausbildung, nicht aber potentiell Begabten und deren Begabungsentwicklung; sie mag also wohl begabungsgerecht sein, nicht aber gerecht. Zum zweiten sind solche Förderungen oft auch an Bildungs- und Begabungserwartungen einer bestimmten Schicht von Eltern sowie an finanzielle Möglichkeiten gebunden.

Von daher ist mit Nachdruck auf eine veränderte Schule hinzuarbeiten, die für eine sehr viel stärkere begabungsentwickelnde und begabungsgerechte Förderung aller SchülerInnen steht, um alle Begabungen auszubilden. „Im Sinne einer Forderung nach Chancengleichheit kann aber eine größere Offenheit und Breite der Bildungsangebote die Chancen für Hochbegabte vor allem aus sozial und kulturell weniger adaptierten bzw. sozio-ökonomisch benachteiligten Minderheiten und Schichten verbessern" (Urban, 1993, S. 50).

Literatur

Bönsch, M. (1991). Variable Lernwege. Ein Lehrbuch der Unterrichtsmethoden. Paderborn: Schöningh.

Clark, B. (1983). Growing up gifted (2. Ed.). Columbus, Ohio: Merril.

Gallagher, J. J., Weiss, P., Oglesby, J., & Thomas, T. (1982). Report on education of gifted. Volume I. Surveys of education of gifted students. Chapel Hill, NC: Frank Porter Graham Child Development Center.

Geuß, H., & Urban, K. K. (1982). Hochbegabte Kinder. In W. Wieczerkowski & H. zur Oeveste (Hrsg.), Lehrbuch der Entwicklungspsychologie. Bd. 3 (S. 85–110). Düsseldorf: Schwann.

Roedell, W. C., Jackson, N. E., & Robinson, H. B. (1989). Hochbegabung in der Kindheit. Heidelberg: Asanger.

Schirp, H. (1992). „Öffnung von Schule" – ein Beitrag zur differentiellen Begabungsförderung. In K.K. Urban (Hrsg.), Begabungen entwickeln, erkennen und fördern (S. 90–94). Hannover: Universität, Fb Erziehungswissenschaften.

Stapf, A. (1995). Begabungsentwicklung und Identifikation hochbegabter Vorschulkinder. K. K. Urban (Hrsg.), Begabungen entwickeln, erkennen und fördern (S. 109–125). Hannover: Universität, Fb Erziehungswissenschaften I.

Urban, K. K. (1990). Besonders begabte Kinder im Vorschulalter. Grundlagen und Ergebnisse pädagogisch-psychologischer Arbeit. Heidelberg: Edition Schindele/HVA.

Urban, K. K. (1992). Begabungsförderung im Vorschulalter. In E. A. Hany & H. Nickel (Hrsg.), Begabung und Hochbegabung: Theoretische Konzepte – Empirische Befunde – Praktische Konsequenzen (S. 159–169). Bern: Huber.

Urban K. K. (1993). Offenheit – eine „Zauberformel" für die angemessene Förderung von Begabungen?! In F. Oswald & K. Klement (Hrsg.), Begabungen – Herausforderung für Bildung und Gesellschaft (S. 43–52). Wien: Jugend & Volk.

Urban, K. K. (1995). (Hrsg.). Begabungen entwickeln, erkennen und fördern (2. Aufl.). Hannover: Universität, Fb Erziehungswissenschaften I. (=Theorie u. Praxis. Bd 43)

Wallrabenstein, W. (1991). Offene Schule – Offener Unterricht. Ratgeber für Eltern und Lehrer (2. erg. u. korr. Aufl.). Reinbek: Rowohlt.

Wieczerkowski, W. (1998). Vier hochbegabte Grundschüler in beratungspsychologischer Perspektive. Psychologie in Erziehung und Unterricht, 45, 145–159.

Young, P., & Tyre, C. (1992). Gifted or able? Realizing children's potential. Buckingham: Open University Press.

Diagnose von Hochbegabung

A. Richter

Was ist Hochbegabung?

Es gibt zahlreiche Definitionen für den Begriff Hochbegabung. Je nach dem Zusammenhang und dem Zweck für den die Definition erstellt wurde, unterscheiden sie sich in ihrer Breite und darin welche Bereiche mit einbezogen werden. In Medienberichten kommt es sehr oft zu einer Vermischung der Begriffe „Hochbegabung", „Talent", „Genie", „Wunderkind", …

Eine sehr weit gefaßte Begriffserklärung, der vermutlich viele zustimmen können, findet sich in dem US Bundesgesetz, das die Förderung hochbegabter Schüler in den USA regelt (Jarvits Gifted and Talented Education Act, 1988):

„Hochbegabte und talentierte Kinder und Jugendliche sind jene, die im Vergleich zu anderen ihres Alters, ihrer Erfahrung oder ihrer Umwelt herausragende Fähigkeiten bzw. das Potential dazu zeigen. …

Diese Kinder und Jugendlichen beweisen die Fähigkeit, hohe Leistungen auf intellektuellen, kreativen und/ oder künstlerischen Gebieten zu erzielen. …

Herausragende Fähigkeiten finden sich bei Kindern und Jugendlichen aus allen kulturellen Gruppen, allen ökonomischen Schichten und in allen Bereichen menschlichen Handelns." (Übersetzung von der Verfasserin)

Wie erkennt man hochbegabte Schüler?

Kinder, die im Unterricht eifrig mitarbeiten, gute Noten bekommen, Preise gewinnen und sich ihrem Alter gemäß verhalten, werden rasch als begabt erkannt. Kindern, die diesem Bild nicht entsprechen, wird dies unabhängig von ihrem Potential oder ihrem Entwicklungsniveau nur selten zugestanden.

Lange und Mehl (1993) nennen folgende Merkmale, durch die hochbegabten Kinder vielfach besonders im schulischen Bereiche auffallen.

Charakteristika des Denkens und Lernens

Hochbegabte zeigen in einzelnen Bereichen ein sehr großes **Detailwissen**. Schon in der Kindergartenzeit **werden** sie oft Spezialisten für Wissensgebiete wie z. B. Natur, Technik oder Wissenschaft.

Ihr Wortschatz ist sowohl im Umfang als auch in der Qualität für ihr Alter ungewöhnlich. Sie können sich flüssig und differenziert ausdrücken. Fakten, die sie zum ersten Mal hören, werden rasch in ihren Wissensschatz eingeordnet und gespeichert. Dabei erfassen sie Ursache-Wirkungs-Zusammenhänge sehr schnell und suchen nach Gemeinsamkeiten und Unterschieden. Dadurch kommt es auch zu einem raschen **Erkennen von Prinzipien**, die diesen Zusammenhängen zugrunde liegen. Als **gute Beobachter** entgeht ihnen kaum etwas. Meist sind sie richtige Leseratten, wobei allerdings die Wahl der Bücher deutlich über ihre Altersstufe hinausgeht. Vielfach findet sich eine Bevorzugung bestimmter Genres wie etwa Sachbücher, Biographien, Science fiction, … Wenn sie über ihre Erfahrungen und ihr Wissen berichten, läßt sich erkennen, daß sie kritisch und unabhängig denken.

Charakteristika der Arbeitshaltung und der Interessen

Hochbegabte Kinder und Jugendliche gehen oft in bestimmten Problemen völlig auf. Dann wollen sie sich mit diesem Arbeitsgebiet eingehend und umfassend beschäftigen, was auf die Umwelt wie **Besessenheit** wirken kann.

Sie bemühen sich, interessante Aufgaben vollständig zu lösen. Bei Routinetätigkeiten sind sie dagegen rasch gelangweilt und führen sie oft nicht zu Ende.

Ihren Leistungen gegenüber sind diese Kinder oft sehr **selbstkritisch**, weder mit ihrem Tempo noch mit ihren Ergebnissen sind sie schnell zufriedenzustellen.

Sie arbeiten gerne unabhängig, um ausreichend Zeit für das sorgfältige Durchdenken eines Problems zu haben. Dabei setzen sie sich **hohe Leistungsziele** und lösen die Aufgaben, wenn sie Interesse daran gefunden haben, mit einem Minimum an Anleitung und Hilfe durch Erwachsene.

Schon früh zeigen sie Interesse für Themen aus der Welt der Erwachsenen wie Religion, Philosophie, Politik, Umweltfragen, Sexualität und Gerechtigkeit in der Welt.

Merkmale des sozialen Verhaltens

Hochbegabte aller Altersstufen setzen sich viel mit Begriffen wie Recht und Unrecht, Gut und Böse auseinander. Dabei sind sie auch durchaus bereit sich gegen Autoritäten zu engagieren. Sie akzeptieren keine Meinung von Autoritäten, ohne sie einer kritischen Prüfung zu unterziehen. Sie gehen nicht um jeden Preis mit der Mehrheit sondern verhalten sich eher individualistisch.

Sie können schon früh Verantwortung übernehmen und erweisen sich bei der Planung und Organisation als zuverlässig. Mit Alterskameraden und Erwachsenen kommen sie in der Regel gleich gut zurecht, ihre Freundschaften finden sie aber bevorzugt unter Gleichbefähigten. Sie versuchen rasch über ihre Umwelt zu bestimmen und nicht sich durch die Umwelt bestimmen zu lassen.

Sie können sich in andere einfühlen und sind daher für politische und soziale Probleme sehr aufgeschlossen.

Diagnose intellektueller Hochbegabung

Was ist Intelligenz?

In der psychologischen Literatur finden sich zahlreiche Definitionen der Intelligenz. Im wesentlichen versteht man unter diesem Begriff jedoch immer die Fähigkeit Informationen aufzunehmen, zu verarbeiten, zu speichern und anzuwenden. Der große Unterschied zwischen den verschiedenen Theorien besteht darin, ob es sich dabei um eine globale Fähigkeit handle oder ob sie auf einzelne Bereiche beschränkt sei. Im ersten Fall würde eine Person mit hoher Intelligenz diese sowohl im sprachlichen als auch im abstrakt logischen Bereich aufweisen, während sie im zweiten Fall völlig unterschiedliche Fähigkeiten in diesen Bereichen aufweisen könnte.

Wie kann Intelligenz gemessen werden?

Zur Messung der Intelligenz werden sogenannte Intelligenztests eingesetzt. Dabei handelt es sich um eine Anzahl unterschiedlichster Aufgaben, deren Lösen oder Nichtlösen Auskunft über die Fähigkeiten des Getesteten im Vergleich mit einer großen Gruppe von Gleichaltrigen geben.

Man unterscheidet sprachliche Tests, z. B. Überprüfung der Wortflüssigkeit, des Wortschatz, des allgemeinen Wissens, usw. von nicht-sprachlichen, z. B.

Raumvorstellung, logisches Denken bei visuellen Aufgaben, Erkennen von sozialen Zusammenhängen beim Ordnen von Bildergeschichten, …

Manche Tests können einer ganzen Gruppe von Testpersonen gleichzeitig vorgegeben werden. Die Aufgaben werden schriftlich vorgelegt und durch Ankreuzen der vermeintlich richtigen Antwort gelöst. Bei Individualtests hingegen stellt der Tester dem Probanden die Fragen mündlich und verzeichnet dessen Antworten. Der Vorteil dieser Art von Testung ist, dass neben dem Testergebnis selbst auch sehr viel Information über das Arbeitsverhalten erhalten werden kann.

Was ist ein Intelligenzquotient?

Viele dieser Tests ergeben einen einzigen Wert als Ergebnis, den sogenannten Intelligenzquotienten. Dabei handelt es sich um standardisierte Werte mit einem Mittelwert von 100 und einer Standardabweichung von 15, das bedeutet, dass 95 % einer getesteten Population Werte innerhalb von 2 Standardabweichungen vom Mittelwert erreichen. Ihre Ergebnisse liegen zwischen 70 und 130. In der Regel spricht man dann vom Vorliegen einer Hochbegabung, wenn ein Wert von 130 überschritten wird.

Der Intelligenzquotient ist somit der Durchschnittswert über alle Leistungen im jeweiligen Test. Es handelt sich zwar um einen handlichen Wert, der aber nur geringe Aussagekraft hat, gute Leistungen in einem Testbereich können schwache Leistungen in einem anderen ausgleichen und das Ergebnis ist dann eine durchschnittliche Begabung. Dadurch gehen wichtige Informationen über Stärken und Schwächen des Getesteten verloren. Für eine Einschätzung der Fähigkeiten einer Person gibt das Leistungsprofil, d. h. die Analyse der Ergebnisse in den einzelnen Testbereichen, bessere Anhaltspunkte.

Hochbegabte sind keine einheitliche Gruppe

Immer wenn man über den/die typische/n Hochbegabte/n spricht, sollte man nicht vergessen, dass sie in vielen Verkleidungen zu finden sind.

Hier nur einige „Profile" hochbegabter Schüler (nach Betts & Neilhart, 1988).

Der erfolgreiche Schüler	• perfektionistisch • gute Leistungen • will vom Lehrer Bestätigung • vermeidet Risiko • anpassungswillig • gefügiges und abhängiges Verhalten
Der Herausforderer	• verbessert den Lehrer • stellt Regeln zur Diskussion • ist ehrlich und direkt • große Stimmungsschwankungen • Arbeitsweise zeitweilig inkonsistent • geringe Selbstkontrolle • kreativ • Vorliebe für praktisches Handeln und Diskussion • verteidigt eigene Auffassungen • strebsam
Der Rückzieher	• verneint Begabung • nimmt nicht an Förderprogrammen für begabte Schüler teil • vermeidet Herausforderung • wechselt Freundschaften • sucht soziale Akzeptanz
Der Aussteiger	• nimmt unregelmäßig am Unterricht teil • sucht außerschulische Herausforderung • achtet nicht auf sein Äußeres • isoliert sich selbst • kreativ • übt Selbst- und Fremdkritik • arbeitet unregelmäßig • stört den Unterricht und reagiert sich ab • Schulleistungen mittelmäßig bis gering • defensive Einstellung
Der Lern- und Verhaltensauffällige	• arbeitet inkonsistent • liefert mittelmäßige oder geringe Leistungen • stört den Unterricht, fällt auf durch Abreagieren
Der Selbständige	• gutes Sozialverhalten • selbständiges Arbeitsverhalten • entwickelt eigene Ziele • intrinsisch motiviert, braucht keinen Ansporn von außen • kreativ • setzt sich leidenschaftlich für seine Interessensgebiete ein • ist risikobereit • vertritt und verteidigt eigene Auffassungen

Welche Folgen kann Hochbegabung nach sich ziehen?

Um hochbegabte Kinder zu verstehen ist es notwendig zu realisieren, daß sie zwar Kinder mit den selben grundlegenden Bedürfnissen wie andere Kinder sind, daß sie sich aber doch auch sehr von diesen unterscheiden. Diese Differenzen werden durch Ignorieren nicht einfach verschwinden oder sich „auswachsen", ohne daß das Kind in seiner Entwicklung Schaden nimmt. Die Unterschiede beeinflussen praktisch jeden Bereich des geistigen und emotionalen Lebens des Kindes.

Die frühen Jahre

Bevor das Kind in die Schule eintritt, können Entwicklungsunterschiede leicht dadurch bewältigt werden, in dem man seinen Bedürfnissen folgt. Dabei ist es wichtig die **Frühreife** eines Kleinkindes als etwas Normales hinzunehmen. So sollte etwa der Zweijährige, der lieber mit Spielsachen für die Sechsjährigen spielt, diese auch zur Verfügung gestellt bekommen. Die Dreijährige, die Bücher lesen kann, soll diese auch erhalten. Ein Kind, das früh und mit differenziertem Wortschatz spricht, sollte auch dementsprechend angesprochen werden.

Es muß jedoch bedacht werden, daß selbst wenn die Eltern die Frühreife ihres Kindes gut bewältigen, dies nicht für **Freunde, Familie oder Fremde** zutreffen muß. Außenstehende werden oft das Verhalten des Kindes (oft vor diesem) laut kommentieren. Der Dreijährige, der im Einkaufswagen des Supermarktes sitzt und laut die Inhaltsangaben der Pakete vorliest, stellt für sie ein Wunder dar. Für die stolzen Eltern ist es dann oft schwer, ihre Kinder nicht zu derartigen „Auftritten" in der Öffentlichkeit anzuregen. Jedoch sollte das Ziel der Erziehung sein, daß das Kind **individuelle Unterschiede** so gut wie möglich **als etwas Normales und Alltägliches** ansieht.

Hochbegabte Kinder befinden sich in den verschiedenen Bereichen **auf verschiedenen Entwicklungsstufen**. Eine 5jährige kann möglicherweise wie eine 7jährige lesen, wie eine 12jährige Schach spielen, wie eine 13jährige sprechen und wie eine 2jährige ihr Spielzeug teilen. So kann ein Kind auf dem Spielplatz in Windeseile vom logischen Argumentieren zu einem Tobsuchtsanfall wechseln, weil es auf der Schaukel nicht als erstes an die Reihe kam. Verhalten, das bei einem frühreifen Kind als kindisch wirkt, kann durchaus altersentsprechend sein.

Die Schulzeit

Wenn ein Kind mit neun Monaten in ganzen Sätzen zu sprechen beginnt, wird ihm wohl niemand sagen, es solle damit aufhören und warten bis auch die anderen Kinder soweit seien. Niemand wird ihm sagen, es solle lediglich Substantiva verwenden wie alle anderen 9 Monate alten Kinder. Vielfach ist dies aber genau der Förderansatz, der von vielen Grundschullehrern vertreten wird. Sie versuchen nicht absichtlich die Kinder vom Lernen abzuhalten, vielmehr haben sie meist nie bewußt mit einem hochbegabten Kind zu tun gehabt. Weder erkennen sie es, noch wissen sie, wie sie mit ihm umgehen sollen. Die Lehrmethoden vieler Pädagogen basieren auf **Entwicklungsnormen, die für hochbegabte Kinder inadäquat sind.** Obwohl sie bereit sind, auf diese Kinder einzugehen, fehlt ihnen doch oft die dafür notwendige Information und Erfahrung.

Ist ein Kind beim Schuleintritt bereits fähig, das zu tun, was der Lehrer lehrt, dann stehen selten Alternativen zum normalen Lehrplan zur Verfügung. Hochbegabte Kinder lernen nicht nur schneller als die Gleichaltrigen, sondern lernen auch anders. Die Standardlehrmethode besteht darin, komplexe Inhalte in kleine Einheiten zu zerlegen und diese dann einen nach dem anderen zu präsentieren. Hochbegabte Kinder können dagegen große Mengen an Information gewissermaßen in großen Bissen verdauen und sie fühlen sich durch Komplexität herausgefordert. Tolan (1990) beschreibt dies so:

„Diesen Kindern kleine Stückchen an Information zu geben ist als ob man einen Elefanten mit einem Grashalm nach dem anderen füttert – er wird verhungern noch bevor er bemerkt hat, daß jemand versucht ihn zu füttern."

Müssen die Kinder nach den Methoden und der Geschwindigkeit herkömmlicher Klassen arbeiten, erscheinen sie oft nicht nur nicht fähiger als ihre Alterskollegen zu sein, sondern oft weniger befähigt. Viele ihrer Charakteristika tragen zu diesem Problem bei. Ihre Handschrift wirkt oft schlampig, da ihre Finger nicht mit ihrem flotten Geist Schritt halten können. Viele haben Probleme mit der Rechtschreibung, da sie beim Lesen auf Verständnis achten und die Wörter ganzheitlich erfassen und nicht als eine Ansammlung einzelner Buchstaben. Wenn sie sich die Wörter laut vorsagen, führt ihre logische Analyse einer unlogischen Sprache oft zu Fehlern. Die meisten haben Schwierigkeiten mit dem reinen auswendig lernen, einer Standardlernmethode nicht nur in den untersten Klassen.

Die Probleme hochbegabter Kinder in der Schule lassen sich in drei Worten zusammenfassen: **Sie passen nicht.** Die Klassen in unseren Schulen werden nach Altersgruppen zusammengestellt und wie schon oben beschrieben, **vereinen hochbegabte Kinder viele Altersstufen in sich.** Die intellektuellen Bedürfnisse der Kinder können weit voraus sein, dabei kann der Vorsprung in einigen Bereichen größer sein als in anderen.

Tolan beschreibt dies am Beispiel der 6jährigen Rachel. Ihre Leseleistung liegt im Bereich der 12. Schulstufe, obwohl ihr Leseverständnis „nur" dem der 7. Schulstufe entspricht. Sie kann multiplizieren und dividieren, versteht Brüche und Dezimalzahlen, allerdings rechnet sie noch mit den Fingern, weil sie sich Zwischenergebnisse und das kleine 1x1 nicht merkt. Zu Hause beschäftigt sie sich vor allem mit Paläontologie und Astronomie, in der Schule interessiert sie die Pause am meisten. Sie sammelt Marken und spielt Schach. Obwohl sie sich an ihrem Teleskop über Stunden konzentrieren kann, kann sie nicht still sitzen bleiben, wenn sie sich langweilt. Sie weint leicht und verliert oft die Geduld, sie kommandiert die anderen Kinder herum, wenn „sie es nicht richtig machen", und sie findet nie ihre Sachen. Sie hat einen sehr feinsinnigen Humor, der von Erwachsenen aber nicht von Kindern verstanden wird.

Muß Rachel eine normal erste Klasse ohne besondere Fördermaßnahmen besuchen ist dies das perfekte Rezept, für die Entwicklung von sozialen, emotionalen und Problemen im Lernbereich.

Die Pubertät

Viele Charakteristika der Hochbegabung führen zu Problemen in der Phase der Adoleszenz.

Hochbegabte Jugendliche wissen um ihre Begabung und stellen diese gleichzeitig in Frage. Obwohl die hohe Begabung teilweise bereits früh diagnostiziert wurde, zweifeln sie zeitweise an der Richtigkeit der Diagnose und der Objektivität von Eltern und Lehrern. Der **Druck der Peergroup zur Konformität** kann bis zur Negierung selbst herausragender Fähigkeiten führen.

Ein weiterer Druck, der auf vielen hochbegabten Schülern lastet ist die Meinung, daß sie, da ihnen große Fähigkeiten gegeben wurden, auch verpflichtet seien von sich selbst in großem Umfang zu geben. Oft haben sie das Gefühl, daß ihre Fähigkeiten ihren Eltern, Lehrern und der Gesellschaft gehörten.

Nach eigenen Angaben fühlen sich hochbegabte Jugendliche als **Perfektionisten**. Sie lernen ihre Standards hoch zu setzen und erwarten von sich selbst, immer mehr und mehr Leistungen zu erbringen, oft mehr als ihren Fähigkeiten entsprechen würde. So kommt es zur Dissonanz zwischen ihren aktuellen Leistungen und denen, die sie von sich selbst erwarten. Oft empfinden sie diese Differenz viel stärker als ihre Eltern und Lehrer annehmen.

Während die Bereitschaft, Risikos einzugehen, eine charakteristische Eigenschaft hochbegabter und talentierter Kinder ist, nimmt diese mit fortschreitendem

Alter ab, so daß hochbegabte Jugendliche oft **weniger risikobereit** sind als gleichaltrige. Woher kommt dieses risikomeidende Verhalten? Hochbegabte Jugendliche scheinen sich mehr über die Konsequenzen verschiedener Tätigkeiten, seien es gute oder schlechte, bewußt zu sein. Sie lernen die Vor- und Nachteile zahlreicher Gelegenheiten und deren Alternativen abzuwägen. Dies führt jedoch oft dazu auch jene Aktivitäten abzulehnen, die auch nur geringe Risiken mit sich bringen oder bei denen die Wahrscheinlichkeit großen Erfolges geringer ist bzw. bei denen sie befürchten ihren hohen Leistungsansprüchen nicht gerecht zu werden.

Jugendliche sind gegenüber Kritik, Vorschlägen und emotionalen Aufrufen durch andere sehr empfindlich. Eltern, Freunde, Geschwister und Lehrer projizieren ihre Erwartungen und Beobachtungen auf hochbegabte Jugendliche. Oft widersprechen derartige Erwartungen denen der Jugendlichen selbst. Je höher die Begabung desto größer die Erwartungen und die Einflußnahme von außen.

Hochbegabte Jugendliche berichten immer wieder über dramatische Episoden, in denen sie durch insensible Lehrer, Peers oder Eltern in Phasen des Selbstzweifels und der Hoffnungslosigkeit getrieben wurden. Vor allem Lehrer in der Sekundarstufe versuchen teilweise die Begabung des einzelnen Schülers in Frage zu stellen. „**Beweise mir, daß du wirklich so begabt bist wie du glaubst.**" Mit den Wechselfällen der Pubertät fertig zu werden und gleichzeitig auch sich selbst im Klassenzimmer und in der Peergroup Tag für Tag zu beweisen führt zu ständigen Frustrationen und zur Isolation.

Wie die meisten anderen Heranwachsenden können hochbegabte Schüler auf vielfältige Weise **ungeduldig** sein. Sie suchen nach Lösungen für schwierige Fragen, versuchen krampfhaft, Freundschaften zu schließen, und neigen dazu bei komplexen Entscheidungen die schwierigeren Handlungsalternativen zu wählen. Hochbegabte Jugendliche leiden besonders unter zweideutigen und ungelösten Situationen. Ihre Ungeduld mit dem Mangel an klaren Antworten, Lösungen und Entscheidungen treibt sie dazu Antworten zu suchen, wo es keine gibt. Der Ärger und die Enttäuschungen, wenn vorschnelle Entscheidungen erfolglos bleiben, ist oft schwer zu überwinden, besonders wenn gleichaltrige, weniger Begabte sich an ihrem Unglück weiden.

Das Problem des Underachievers

Ein Phänomen, auf das man bei der Arbeit mit begabten und hochbegabten Kindern immer wieder stößt, ist das des Underachievements, d. h. daß **Kinder und Jugendliche deutlich hinter den Erwartungen zurückbleiben.** Es handelt sich dabei um einen Komplex von Symptomen hinter dem sich eine Vielzahl von Ursachen und Auslösern verbergen kann.

So kann z. B. ein Schüler bzw. eine Schülerin im Begabungstest sehr gut Ergebnisse erzielen, dies spiegelt sich jedoch nicht in den Noten und sonstigen Leistungen in der Schule wider. Es können mehrere Erklärungen dafür gefunden werden.

- Möglicherweise werden die **vorhandenen Fähigkeiten im Unterricht nicht genutzt**.
  Zeigt eine Schülerin im Begabungstest z. B. besonders im Bereich der visuellen Wahrnehmung besondere Fähigkeiten und wird im Unterricht vor allem auf den sprachlichen Bereich Wert gelegt, können die vorhandenen Fähigkeiten nicht eingesetzt werden und die Leistungen werden deutlich hinter den Erwartungen zurückbleiben.

- Es kann jedoch auch daran liegen, dass die Schülerin/der Schüler ihre/seine **Fähigkeiten versteckt**.
  Oft werden von Kindern und Jugendlichen ihre Fähigkeiten als Belastung im Zusammenleben mit der Klassengemeinschaft empfunden. Um nicht als „Streber" oder „Eierkopf" verspottet zu werden, verstecken sie lieber ihr Können und verbergen sich hinter mittelmäßigen Leistungen. Besonders Mädchen zeigen eine hohe Bereitschaft zu diesem Verhalten.

- Vielleicht **langweilt** sich das Kind aber auch im Unterricht.
  Untersuchungen in den USA ergaben, daß hochbegabte Kinder im Grundschulbereich bereits 35–50 % des Lehrstoffes beherrschen noch bevor sie in die jeweilige Schulstufe eintreten (Rimm, 1997). Die sich daraus ergebende Unterforderung und Langeweile führt zu Unlust am Arbeiten, zu mangelnder Anstrengung und Konzentration und damit oft zu schlechten Leistungen.

- Aber auch Ereignisse im Umfeld des Schülers/der Schülerin können die Schulleistungen behindern.
  So können etwa Krankheiten, der Tod eines Familienangehörigen oder die Scheidung der Eltern auch bei gut begabten Kindern vorübergehend zu einem deutlichen Abfall der Leistungsfähigkeit führen

Diese Vielfalt an Erklärungsmodellen, die keinen Anspruch auf Vollständigkeit erhebt, verdeutlicht wie komplex das Phänomen des hochbegabten Underachievers ist. Fördermaßnahmen ohne genaue vorherige Abklärung der Ursachen werden in vielen Fällen nicht zum Erfolg und im schlimmsten Fall sogar zu einer Verschlechterung führen.

Modelle zur Förderung von hochbegabten Schülern/innen

Die vielfältigen Förderungen, die international für hochbegabte Kinder und Jugendliche im schulischen Bereich angeboten werden, können in zwei Kategorien eingeordnet werden, in Maßnahmen der Akkzeleration und in jene des Enrichments.

Akkzeleration

Bei der Akkzeleration wird das Bildungsprogramm schneller oder zu einem früheren Zeitpunkt durchlaufen als regulär vorgesehen ist.

Maßnahmen der Akkzeleration
- Vorzeitiger Eintritt in die Vorschulklasse bzw. in die erste Klasse
- Überspringen von Klassen
- Schnelleres Fortschreiten im gesamten Lehrplan
- Selbst gewähltes Lerntempo
- Rascherer Fortschritt in einzelnen Fächern
- Gleichzeitiges Absolvieren mehrerer Programme
- Vorzeitiger Abschluß der Schule
- Vorzeitige Aufnahme in Universitäten
- Frühzeitiger Erwerb von Qualifikation durch Prüfungen
- Fernkurse
- Vorzeitiger Abschluß des Studiums

Beschränkt sich die Förderung auf Maßnahmen der Akkzeleration, geht man von folgenden grundlegenden Annahmen aus:

I.   Hochbegabte Schüler unterscheiden sich von ihren Alterskollegen im wesentlichen in der Geschwindigkeit mit der sie neues Wissen erwerben können

II. Eine raschere Abfolge der Lehrschritte oder das Überspringen von Klassen befriedigt viele Bedürfnisse von hochbegabten Schülern.

III. Der Inhalt der Lehrpläne auf allen Stufen der Schule entspricht im Allgemeinen den Bedürfnissen der hochbegabten Schüler und stellt auch für sie eine Herausforderung dar. Es wird ihnen lediglich durch Alters- und Klassenbarrieren der Zugang verwehrt.

Enrichment

Beim Enrichment wird das Lehrangebot über den Rahmen des Lehrplanes hinaus erweitert.

Es können vier Richtlinien für die Erstellung von Enrichment-Angeboten unterschieden werden.

- Der Lehrplan wird in der Breite oder in der Tiefe erweitert.
- Das Tempo der Präsentationsschritte des Lehrplanes wird erhöht.
- Sowohl Darbietungsweise als auch Inhalt des Lehrplanes werden geändert.
- Alle Enrichment-Angebote sollten auf die speziellen Fähigkeiten und Interessen des einzelnen hochbegabten Schülers eingehen.

Folgende Annahmen liegen der Entscheidung für den Einsatz von Enrichment bei der Förderung Hochbegabter zu Grunde:

I.   Der reguläre Lehrplan ist zu eingeschränkt und für hochbegabte Schüler langweilig.

II. Unabhängig vom Lehrinhalt muß die Unterrichtsmethode für die Bedürfnisse der hochbegabten Schüler modifiziert werden.

III. Das Wohlbefinden der Schüler sollte der zentrale Punkt von Modifikationen des Lehrplans sein.

Zahlreiche Schulen im Ausland arbeiten mittlerweile mit einer Kombination der oben beschriebenen Modelle durch das sogenannte Kompaktieren des Lehrplanes.

Viele hochbegabte Schüler beherrschen Teile des Lehrstoffes bereits bevor dieser in der Klasse erarbeitet wurde. Es macht wenig Sinn zu versuchen, ihn ihnen noch einmal nahe zu bringen. Durch Abklärung welche Lernschritte bereits beherrscht werden und daher nicht mehr erneut gelernt werden müßten, würde Zeit frei werden, in der die Schüler an herausfordernderen Aufgaben arbeiten könnten. Dabei wurden sehr gute Erfahrungen mit Projektarbeiten gemacht, in denen die Kinder und Jugendlichen mit minimaler Unterstützung durch Erwachsene ihre Interessen vertiefen können.

Einige Fragen zur Einschätzung von Fördermodellen

George (1993) formulierte folgende Punkte, nach denen die Sinnhaftigkeit von Förderprogrammen überprüft werden kann:

1. Steht die Entwicklung höherer Denkformen und -konzepte im Vordergrund?

2. Sind die eingesetzten Methoden so flexibel und ist das Lehrziel soweit nach oben offen, daß sich die Kinder in ihrer eigenen Geschwindigkeit entwickeln können?

3. Wird eine Lernumwelt angeboten, die ausreichend emotionalen Schutz gewährt, um intellektuell stimulierend zu wirken?

4. Wird es durch die geplanten Förderungen voraussichtlich zu einer Entfremdung der Kinder von ihren Alterskollegen kommen?

5. Werden im Rahmen der Förderung Faktoren eingeführt, die sich im späteren Lernbereich der Kinder wiederholen und so die Wahrscheinlichkeit des Entstehens von Langeweile erhöhen werden?
6. Soll durch die Förderung ein Prozeß begonnen werden, der für das Kind wertvoll ist, oder steht die Aufwertung des Prestiges der Schule im Vordergrund?

Literatur

Betts, G.T., M. Neihart (1988): Profiles of the gifted and talented. Gifted Child Quarterly, 32(2), 248–253.

George, D.R. (1993): Instructional strategies and models for gifted education. In: Heller, K.A., F.J. Mönks, A.H. Passow (ed.) (1993): International Handbook of Research and Development of Giftedness and Talent. Pergamon Press, Oxford. p. 325–337.

Lange, R.E., K.-P. Mehl (1993): Schulische Förderung von besonders begabten Kindern mit praktischen Beispielen für die Arbeit in den Klassen. Unveröffentlichtes Manuskript.

Rimm, S.B. (1997): Underachievement Syndrome: A national epidemic. In: Colangelo, N; G.A, Davis (ed): Handbook of Gifted Education. 2nd ed. Allyn & Bacon, Needham Heights. p. 416–434.

Tolan, S.S. (1990): Helping your highly gifted child. ERIC EC Digest # E 477.

Überspringen von Klassen

Annette Heinbokel[1]

Seit Beginn der 80er Jahre gibt es in der Bundesrepublik Diskussionen darüber, ob und in welcher Form hochbegabte Kinder zu fördern sind. Im Rahmen dieser Diskussionen wurde vermehrt auf eine Maßnahmen zurückgegriffen, die schon immer in den Schulgesetzen der alten Bundesländer verankert war, von der aber so gut wie nie Gebrauch gemacht wurde: dem Überspringen von Klassen.

Da es kaum Informationen über das Springen gab, ist genauso wenig darüber bekannt, warum es so stark abgelehnt wurde. Es kann wohl davon ausgegangen werden, dass die Ablehnung im wesentlichen auf dem „gesunden Menschenverstand" beruhte: es wurde vermutet, die Schülerinnen und Schüler würden dadurch unangemessenen intellektuellen, emotionalen und sozialen Belastungen ausgesetzt. In Baden-Württemberg und in Rheinland-Pfalz wurden in den 80er Jahren an einigen Gymnasien Schulversuche mit sogenannten D-Zug-Klassen begonnen. Dabei werden Klassen von besonders begabten Kindern gebildet, die zwischen der 5. und 10. Klasse – es gibt unterschiedliche Modelle – ein Jahr gemeinsam überspringen. Einer der Gründe für die Bildung solcher Sonderklassen war, wie ein Vertreter des Kultusministeriums Baden-Württemberg in einem Vortrag auf einer Tagung des „European Council for High Ability" (ECHA) in München 1992 sagte, „die bekannten Probleme des Springens" zu umgehen. Die gleiche Meinung, dass nämlich individuelles Überspringen besonders belastend sei, findet sich im Abschlußbericht des entsprechenden Schulversuchs in Rheinland-Pfalz (1997). Dort heißt es im einleitenden Kapitel:

Für solche Schülerinnen und Schüler besteht natürlich grundsätzlich die Möglichkeit des individuellen Überspringens einer Klassenstufe. Aber die Statistik zeigt, dass davon kaum Gebrauch gemacht wird (...). Das darf auch nicht weiter verwundern, weil auf die Überspringenden sehr große Belastungen zukommen, die

---

1 Zuerst erschienen unter dem Titel Überspringen von Klassen: Im Schulgesetz erlaubt, in der Schule kaum praktiziert. Deutsche Lehrer Zeitung, 21/22, 29.5.1997, S. 20–21 (überarbeitet im Februar 1999)

nicht nur aus dem Nacharbeiten von Stoff resultieren, sondern die besonders aus der emotionalen Situation des Einfügens in eine neue Klasse resultieren (S. 2).

Der Vertreter des baden-württembergischen Kultusministeriums wurde nach seinem Vortrag in der anschließenden Diskussion gefragt, was denn „die bekannten Probleme des Springens" seien, welche Untersuchungsergebnisse dem zu Grunde lägen. Die Antwort war ein Schulterzucken. Für Rheinland-Pfalz ist nicht bekannt, worauf die Aussage beruht.

Auch von Eltern wurde das Springen weitgehend abgelehnt. Rost (1993) befragte Eltern hochbegabter Kinder, welche Maßnahmen sie für ihre Kinder für wünschenswert hielten. Von zehn verschiedenen Maßnahmen stand das Springen an vorletzter Stelle. Die LehrerInnen der hochbegabten Kinder standen in dieser Untersuchung dem Springen im allgemeinen eher neutral bis leicht positiv gegenüber. Ging es aber um den Hochbegabten in ihrer Klasse waren sie deutlich skeptischer und neigten dazu, das Überspringen eher negativ zu sehen.

Der allgemein geäußerten Ablehnung stehen zahlreiche Erfahrungen von Eltern und Kindern gegenüber, die ausgesprochen positiv verliefen. Es lohnt sich, den Vermutungen konkrete Zahlen und Erfahrungen gegenüberzustellen.

Seit Mitte der 80er Jahre wurden in drei deutschen Bundesländern, im Saarland (Kötter 1985), in Bayern (Reitmajer 1988, 1989) und Niedersachsen (Heinbokel 1996) die Anzahl der Springerinnen und Springer erhoben. Obwohl sich bei den Totalerhebungen die erfaßten Zeiträume und Schulformen unterscheiden, waren die Ergebnisse doch sehr ähnlich: Springen fand nur äußerst selten statt. Um es am Beispiel Niedersachsen zu demonstrieren: Will eine Schule sagen, dass sie Erfahrungen mit dem Überspringen von Klassen hat und von daher fundierte Ratschläge sowohl in Bezug auf das Springen selber als auch auf seine Ablehnung geben kann, müßte es in zehn Jahren mehr als zweimal passiert sein. Werden diese Minimalforderungen gestellt, so hatten in Niedersachsen zu Beginn der 90er Jahre, bezogen auf die öffentlichen Schulen, 99,6 % der Grundschulen, 99% der Gymnasien und 100% der Gesamtschulen keine Erfahrungen mit dem Springen. Die Ergebnisse für die anderen Bundesländern dürften ähnlich sein.

Überspringen in der Grundschule

In allen drei Bundesländern, aus denen Totalerhebungen vorliegen, fand es überwiegend an der Grundschule statt: Im Saarland waren es 64 %, in Bayern 71 % und in Niedersachsen 90 %. 103 bundesweit verschickte Elternfragebögen (Heinbokel 1996) ergaben ein ähnliches Bild: 83 % der Kinder sprangen in der Grundschule. Seit den 80er Jahren haben die Diskussionen um Hochbegabung zugenommen. Unter anderem auch auf Grund mangelnder Angebote für Hochbegabte durch die Schulen und weil es leicht durchzuführen ist, rückte das Springen immer mehr ins Blickfeld; es nahm zu, allerdings in erster Linie in der Grundschule. In Niedersachsen hatten bis zum Ende der 2. Klasse fast 80% aller SpringerInnen es hinter sich gebracht, in den Jahren bis zum Abitur folgten nur noch vereinzelte NachzüglerInnen.

Einer der Gründe für das Muster beim Springen ist die Tendenz in allen Bundesländern, Kinder so spät wie möglich einzuschulen, sie so lange wie möglich spielen zu lassen. Dabei wird der Entwicklungsstand und der Wunsch der Kinder zu lernen deutlich weniger berücksichtigt als das Geburtsdatum. Aus den Elternfragebögen ging hervor, dass 31 % der Mädchen und 53 % der Jungen früh hätten eingeschult werden können. Obwohl von den Kindern, bei denen die frühe Einschulung in Betracht gezogen worden war, die meisten lesen und rechnen[2] konnten, wurden nur wenige von ihnen früh eingeschult. Der Druck, den der „gesunde Menschenverstand" ausübte – die Kinder müssen körperlich groß und stark sein, um sich in großen Klassen und auf dem Schulhof wehren zu können; Spielen macht Spaß, Lernen nicht, man sollte es Kindern so lange wie möglich ersparen – war stärker als das Vertrauen in die Fähigkeiten der Kinder. Der später Einschulungstermin bedeutet jedoch auch, dass viele der SpringerInnen – vor allem Juli- und August-Kinder – gar nicht so viel jünger waren wie allgemein vermutet.

Die allgemeine Abneigung gegen das frühe Einschulen und das Springen ist sowohl bei den Eltern als auch den LehrerInnen groß. Deshalb handelt es sich beim Springen in den ersten beiden Schuljahren wahrscheinlich relativ häufig darum, eine gut gemeinte (Fehl)Entscheidung in bezug auf den Einschulungstermin zu korrigieren. Außerdem bedeutet es eine Verkürzung der Grundschule, Eltern und Kinder hoffen, dass es im Gymnasium interessanter wird.

Springen in der Sekundarstufe

War das Springen in der Grundschule schon selten genug, so war es in den folgenden Jahren an Gymnasien und Gesamtschulen noch seltener. Im Saarland sprangen 12 (32 % der SpringerInnen), in Bayern 34 (29 %), in Niedersachsen 32 (10 %) SchülerInnen. Bei den absoluten Zahlen sind die unterschiedliche Größe der Bundesländer und die erfaßten Zeiträume zu berücksichtigen.

Seit Beginn der 90er Jahre wurde in Bayern, Nordrhein-Westfalen und Hamburg versucht, die Anzahl der SpringerInnen in der Sekundarstufe zu erhöhen,

---

2 Lesen: 94 % Mädchen; 84 % Jungen; Rechnen: 78 % Mädchen, 87 % Jungen; früh eingeschult: 3 % Mädchen, 8 % Jungen

allerdings wurde das Angebot sehr viel seltener angenommen, als es sich die Initiatoren erhofft hatten. In Nordrhein-Westfalen z. B. nahmen zwischen Februar 1992 und 1994 47 Schulen mit SchülerInnen im Sekundarbereich I und II an einem Erfahrungsaustausch von Schulen teil, die das Überspringen von Mitte Klasse 10 nach Mitte Klasse 11 oder der ganzen 11. Klasse fördern wollten. In der 11. Klasse wollte fast niemand springen, geeignete SchülerInnen zogen es vor, das Jahr an eine Schule im Ausland zu verbringen. In Klasse 10 machten im ersten Jahr 42 SchülerInnen (23% der Angesprochenen) von dem Angebot gebrauch, im dritten Jahr waren es 7 (6.5%).

Gemessen an der Anzahl der theoretisch Hochbegabten wird ein Programm, das das Springen fördert, um so erfolgreicher sein, je früher es einsetzt. Diese Prognose wird auch durch eine US-amerikanische Untersuchungen unterstützt. So wurden die hochbegabten TeilnehmerInnen an einer Governor's Summer School nach ihrer Meinung zur Akzeleration befragt. Sie hielten diese Möglichkeit für eine ausgezeichnete Idee. Befragt, ob sie es für sich in der Vergangenheit gut gefunden hätten oder in ihrer augenblicklichen Situation gut finden würden, sagten alle mit Nachdruck „nein", mit zunehmendem Alter um so nachdrücklicher, und unabhängig davon, wie sozial angepaßt oder unzufrieden sie mit der Schule waren (zitiert nach Southern 1992).

Versetzt man sich in die Situation von potentiell leistungsstarken Jugendlichen dieser Altersstufe, so werden die Gründe verständlich:

- je länger sie in der Schule sind, um so stärker haben sie sich daran gewöhnt, mit einem Minimum an Einsatz die sie bzw. ihre Eltern befriedigenden Noten zu erreichen. Einige SchülerInnen könnten sich nicht mehr anstrengen, auch wenn sie wollten.

- Sie betreiben intensiv außerschulische Aktivitäten (Sport, Musik, Programmieren, Schach, Jobs) und sehen keinen Anlaß, sie wegen des Springens einzuschränken. Sie können nicht abschätzen, wie sehr und lange sie diese Aktivitäten einschränken müssen, da bisher kaum Erfahrungen vorliegen.

- Sind die sozialen Beziehungen zur Klasse gut, wollen sie bei ihren FreundInnen bleiben und nicht als StreberInnen ausgegrenzt werden. Sind die sozialen Beziehungen zur Klasse schlecht, befürchten sie, daß sie in der höheren Klasse wegen ihres Alters und des Vorwurfs, ein Streber zu sein, noch stärker ausgegrenzt werden.

- Es gibt keine Garantie, daß die Noten nicht doch, wenn auch wenig, schlechter werden. Angesichts der Situation an deutschen Universitäten und des Numerus clausus können dieses Risiko nur diejenigen eingehen, die nicht oder nicht in Numerus-clausus-Fächern studieren wollen (z. B. Musik), denen also die Noten relativ gleichgültig sind.

- In der 11. Klasse ein Jahr im Ausland zu verbringen ist für deutsche Schüler-Innen attraktiver und risikoloser, was sowohl die Noten als auch die Akzeptanz durch die MitschülerInnen betrifft.

Als Fazit für das Springen in der Sekundarstufe I kann gesagt werden, daß das Springen zwischen der ersten Klasse des Gymnasiums (je nach Bundesland die 5. oder 7.) und der 11. Klasse geeigneten SchülerInnen angeboten werden sollte und daß jede Schülerin und jeder Schüler, die/der von sich aus springen möchte, Unterstützung bekommen sollte. Es ist jedoch eher unwahrscheinlich, daß diese Möglichkeit von einer größeren Anzahl von SchülerInnen ergriffen wird. Die Situation könnte sich in der 10. und 11. Klasse dadurch ändern, dass es für das Springen einen Bonus gibt, der bei der Wahl eines Studienplatzes anerkannt wird. Dadurch könnte das Risiko eines etwas schlechteren Notendurchschnitts ausgeglichen werden.

Die Situation nach dem Springen

Das Springen wurde bisher weitgehend abgelehnt, weil direkt nach dem Springen oder zu einem späteren Zeitpunkt Probleme befürchtet wurden. Dabei ist weitgehend unklar was unter einem „Problem" verstanden wird. Was die eine Lehrerin als völlig normales Verhalten eines relativ jungen Kindes sieht, wird von einer anderen für nicht mehr annehmbar gehalten.

Die Ergebnisse der deutschen Untersuchung sind zwar bisher, soweit es Probleme nach dem Springen betrifft, nicht befriedigend. Trotzdem deuten alle bisherigen Befunde darauf hin, dass die allgemein gehegten Befürchtungen nicht zutreffen.

Alle bisherigen Untersuchungen stimmen darin überein, dass das Aufholen des Stoffes fast nie ein Problem darstellte, gleichgültig zu welchem Zeitpunkt gesprungen worden war. In Bayern (Reitmajer 1988, 1989) und Hamburg (Prado & Schiebel 1996) gingen die Noten zwar im Durchschnitt um eine halbe zurück, allerdings wird von den Autoren ausdrücklich gesagt, dass die Ursache für den Rückgang nicht klar sei. Um eine Entscheidungshilfe sein zu können, müßte dieser Durchschnitt wesentlich genauer aufgeschlüsselt werden: wieviel blieben gleich, wieviele wurden besser, weil sie endlich motiviert waren und wieviele wurden deutlich schlechter – und warum?

In Niedersachsen (Heinbokel 1996) wurden von den Schulen kaum Leistungsprobleme und nicht ein einziger Wiederholer gemeldet. Im Vorwort zum niedersächsischen Schulrecht wird allerdings immer noch mit der Begründung vor dem Springen gewarnt, Springer würden später häufig sitzenbleiben (Habermalz & Knudsen, 1995).

Die Eingliederung der Schülerinnen in den Lernprozeß der neuen Klasse erfolgte meist problemlos, oft waren sie nach kurzer Zeit wieder im oberen Drittel der Klasse, manchmal wieder an der Klassenspitze, manchmal langweilten sie sich nach kurzer Zeit genauso wie vorher.

Die meisten Kinder stiegen mit Leichtigkeit in den Stoff der neuen Klasse ein. Es ist keineswegs so, dass sie mit dem Springen anfangen, den Stoff aufzuarbeiten – außer in Einzelbereichen wie z. B. der Schreibschrift, dem kleinen Einmaleins oder einer neuen Fremdsprache –, sondern sie sind ihren MitschülerInnen in einem oder in vielen Fächern weit voraus. Das bedeutet, dass das Springen häufig nur noch eine formale Bestätigung dessen ist, was vorher stattfand. Das trifft besonders auf die Grundschulzeit zu, kann aber im Gymnasium genauso der Fall sein.

Schwieriger ist die Beurteilung soweit es die soziale Integration betrifft. Das Überwechseln in die neue Klasse kann in vielen Aspekten mit der Eingewöhnung nach einem Umzug verglichen werden. Manche Kinder schließen leicht und schnell Freundschaften, andere tun sich schwer damit. Manche sind traurig darüber, gute FreundInnen zurück lassen zu müssen, andere sind heilfroh, eine Klasse verlassen zu dürfen. Manche werden von der neuen Klasse freundlich aufgenommen und erhalten Hilfe, andere werden abgelehnt, weil es Klickenwirtschaft gibt, das Kind einen anderen Dialekt oder eine andere Sprache spricht, vom Land in die Stadt zieht oder umgekehrt, eine andere Religion oder Hautfarbe hat. Manche sind der Klasse in einigen oder allen Bereichen voraus oder zurück weil sie andere Bücher hatten oder Situation der Klasse einfach ganz anders war. Eine wichtige Rolle spielen die Vorerfahrungen: Waren die Erlebnisse in der alten Klasse mit den Kindern und den Lehrern positiv, so wird die Integration leichter sein, als wenn die Vorerfahrungen negativ waren. Niemand würde alle späteren Probleme eines Kindes auf den Umzug schieben bzw. grundsätzlich vom Umziehen abraten.

Die gleiche Freundlichkeit, Rücksichtnahme und Hilfsbereitschaft, die einem zugezogenen Kind zugestanden wird, sollte einem Kind auch nach dem Springen gezeigt werden. Viel mehr ist meistens nicht nötig.

In einigen Bereichen ist die Situation ist für ein hochbegabtes Kind doch etwas anders.

Auf Grund ihrer Entwicklung und ihrer Interessen haben Hochbegabte häufig ältere Freundinnen und Freunde, so dass sie in einer Gruppe von älteren Kindern besser aufgehoben sind als bei Gleichaltrigen. Damit das gut geht, setzt es zum einen voraus, dass vor allem von Erwachsenen nicht ständig der Altersunterschied betont wird. Nach dem Springen befragte Mädchen und Jungen berichteten, dass

LehrerInnen, die nichts über ihr Alter und das Springen wußten, sie meistens ganz normal, d. h. wie alle anderen auch behandelten. Zum anderen sollten sie, wenn sie das wollen, an allen Aktivitäten der älteren MitschülerInnen teilnehmen dürfen, auch wenn das vielen Eltern vor allem während der Pubertät schwer fällt. Verbote grenzen sie aus und machen es ihnen schwerer, Freundschaften zu schließen.

Manche Hochbegabte weichen so sehr in ihren Interessen von ihren MitschülerInnen ab, dass es ihnen auch nach dem Springen noch schwer fällt, Freundschaften zu schließen. Können sie außerhalb der Schule eine Gruppe finden, die ihre Interessen teilt, so erleichtert es ihre Situation.

Während in den Totalerhebungen der drei Bundesländer kaum von emotionalen bzw. sozialen Problemen die Rede ist, ergab die Auswertung die Elterfragebögen ein anderes Bild. In dieser Stichprobe zeigte mehr als ein Drittel der Kinder, die in der Grundschule sprangen, vor dem Springen Anzeichen von Störungen. Die Kinder zogen sich in sich zurück, sie weigerten sich, morgens aufzustehen, weinten, wenn von der Schule die Rede war, sie wurden aggressiv gegenüber ihren Geschwistern und gegenüber sich selber, näßten wieder ein, kauten die Nägel ab, waren häufig krank oder erfanden Krankheiten, um nicht in die Schule zu müssen. Manche Mütter brauchten morgens eine Stunde, um die Kinder zu überreden, in die Schule zu gehen. Kein Kind zeigte alle diese Symptome, die meisten jedoch mehrere. Das bedeutet keineswegs, dass SpringerInnen häufiger Probleme haben als Hochbegabte, die nicht springen oder als andere Kinder; es bedeutet vielmehr, dass das Springen von den Eltern, der Schule oder von beiden abgelehnt wurde und damit so lange gewartet wurde, bis nichts anderes mehr ging. Deshalb war der Erfolg der Integrationsphase und ihre Dauer u. a. abhängig vom Ausmaß der vorhandenen Störungen im Lern- und Sozialverhalten infolge z. T. langanhaltender Unterforderung;

Es bedeutet nicht, dass Springen die einzige oder beste Lösung für hochbegabte, unterforderte Kinder ist. Allerdings wurden den Kindern, die Störungen entwickelten, in den meisten Fällen in der Schule keinerlei Alternativen angeboten. Die Elternfragebögen ergaben auch, dass diejenigen Lehrerinnen, die sich um Differenzierung bemühten, eher selber das Springen vorschlugen als diejenigen, die nichts taten und nur meinten, die Kinder müßten sich eben anpassen. Wahrscheinlich hatte die erste Gruppe von Lehrerinnen gemerkt, dass in dem konkreten Fall Differenzierung unzureichend war.

Für die letzten Jahrzehnte kann gesagt werden, dass ein Teil der Probleme vor und nach dem Springen durch das Verhalten der Umwelt produziert wurde. Nicht wenige PädagogInnen waren der Meinung, Hochbegabung sei in erster Linie ein Produkt ehrgeiziger Eltern; die Kinder müßten und könnten sich selber helfen, man müsse sie vor ihren Eltern schützen, Genie und Wahnsinn lägen bekanntlich eng beieinander, wer das Lesenlernen verhindere, verhindere damit auch den Wahnsinn (wurde noch 1995 der Mutter eine Kindergartenkindes von einem Psychologen mitgeteilt), etc. Auch viele Eltern meinten, ihr Kind bremsen, es anpassen zu müssen, u. a. auch um sich vor den oben genannten Vorwürfen zu schützen. Wer diese Überzeugungen teilt, geht mit einem Erstkläßler, der auf dem Niveau der 4. Klasse liest und rechnet, anders um, als wenn er überzeugt ist, ein hochbegabtes Kind vor sich sitzen zu haben, das sich entsprechend seinen Fähigkeiten und Interessen entwickeln darf. „An die Ausgangslage der Kinder anknüpfen" ist eine Forderung, die für alle Kinder gelten sollte, bisher aber eher für Kinder mit Defiziten zu gelten schien. Natürlich gibt es Eltern, deren Ehrgeiz die Fähigkeiten ihres Kindes übersteigt. Da Hochbegabung in der Aus- und Weiterbildung von LehrerInnen nicht vorkam und auch heute noch kaum vorkommt, waren bzw. sind sehr viele von ihnen nicht in der Lage zu unterscheiden, ob besondere Leistungen ein Ergebnis von Hochbegabung oder von Druck ausübenden Eltern sind.

Was beim Springen zu beachten ist

1. SchülerInnen, für die das Springen vorgeschlagen wird, sollten von ihren intellektuellen Voraussetzungen her im oberen Bereich der aufnehmenden Klasse liegen.
2. Zeigen die Schülerinnen nur in einem Bereich unterdurchschnittliche Leistungen im Vergleich zur aufnehmenden Klasse, können die Defizite durch Unterstützung aufgefangen werden. Wenn jedoch die überdurchschnittlichen Fähigkeiten nur in einem Fach deutlich werden, dann sind eine fachbezogene Akzeleration bzw. außerschuliche Förderung vorzuziehen.
3. LehrerInnen sind manchmal unnötig pessimistisch in bezug auf die „emotional-soziale Reife" von SchülerInnen. Bei Hochbegabten verwechseln sie möglicherweise schlechtes Benehmen, das von der Unzufriedenheit mit unangemessene Lern- und soziale Bedingungen stammt, mit Unreife oder Verhaltensstörungen. Die Beurteilung der emotional-sozialen Reife sollte deshalb die Beurteilung der Eltern und einer erfahrenen Diplompsychologin mit einbeziehen.
4. Die SchülerInnen sollten keine ernsthaften emotionalen und sozialen Probleme haben. Außerdem sollten sie Durchhaltevermögen und hohe Motivation zeigen. Falls Probleme jedoch durch vorhergehende langanhaltende Unterforderung bzw. durch den Mangel an entwicklungsgleichen FreundInnen verursacht wurden, können sie durch Akzeleration behoben werden.

5. Die Körpergröße sollte nur insofern in Betracht gezogen werden, als das Kind sehr an Mannschaftssport interessiert ist und später sportliche Wettbewerbe eine Rolle spielen könnten.

6. Es sollte soweit wie möglich sichergestellt werden, daß die SchülerInnen nicht unter Druck gesetzt werden zu springen. Die Eltern sollten dem Springen positiv gegenüberstehen, aber die SchülerInnen müssen es selbst wollen, sie sollten die letzte Entscheidung treffen. Das gilt auch schon für die Grundschule.

7. Die aufnehmenden LehrerInnen sollten dem Springen positiv gegenüberstehen und bereit sein, den SchülerInnen bei der Eingewöhnung zu helfen. Sind sie ablehnend oder pessimistisch, sollte überlegt werden, ob sich das Springen zeitlich verschieben läßt, ob eine Parallelklasse gefunden werden kann, oder ob es sinnvoll ist, die Schule zu wechseln.

8. Der beste Zeitpunkt für das Springen sowohl im Laufe der Schulzeit als auch im Laufe des Schuljahres ist der, zu dem die Unterforderung so deutlich wird, daß das Springen als sinnvolle Alternative erscheint. Eine grundsätzliche Verschiebung auf einen späteren Zeitpunkt ist demotivierend und fördert nicht das Sozialverhalten, sondern in erster Linie Schulmüdigkeit.

9. Die aufnehmenden LehrerInnen sollten informiert sein, wo die SchülerInnen noch besondere Bedürfnisse oder Schwächen haben. Auch die MitschülerInnen, u.U. auch die Eltern(vertreterInnen), der aufnehmende Klasse sollten vorher von der Klassenlehrerin auf angemessene Weise informiert werden, damit die SpringerInnen als „Neue" akzeptiert werden.

10. Jedes Springen sollte probeweise stattfinden. Eine Probezeit von sechs Wochen sollte ausreichend sein. Die SchülerInnen sollten wissen, daß sie während der Probezeit jederzeit in die alte Klasse zurück dürfen. Während dieser Zeit sollte es für die SchülerInnen und die aufnehmenden LehrerInnen Beratungsmöglichkeiten geben.

11. Es sollte darauf geachtet werden, daß mit dem Springen nicht zu viele Erwartungen verbunden werden. Die SchülerInnen sollten nicht das Gefühl bekommen, daß sie versagt haben, wenn es nicht gutgeht. Andererseits sind einige Hochbegabte in ihrer intellektuellen Entwicklung so weit, daß sie auch nach dem Springen wieder unterfordert sind. Für einige Hochbegabte können zusätzliche (binnendifferenzierende/außerschulische) Angebote oder wiederholte Akzeleration notwendig werden.

12. Die Entscheidung über das Springen sollte auf Fakten und nicht auf Mythen beruhen. Die Forschungsliteratur zeigt, daß Akzeleration zur Verbesserung der Motivation und dadurch auch der Leistungen beitragen kann. Es wurden keine generellen negativen Effekte in bezug auf die soziale und emotionale Entwicklung gefunden. Falls es Eingewöhnungsprobleme gab, waren

sie in der Regel gering und kurzfristig. Wird dagegen das Springen gegen den Wunsch der SchülerInnen abgelehnt, kann das zu einer schlechten Arbeitshaltung, Apathie, mangelnder Motivation und Fehlanpassung führen (unter Verwendung von Feldhusen u. a. 1986; Kraus 1986; Rimm u. a. 1992a; Rimm u. a. 1992b; in: Heinbokel 1996).

Das Überspringen von Klassen kann ein Mittel sein, ein Kind (wieder) in eine Gruppe zu integrieren. Wenn auf Grund der Begabung sehr intensiv differenziert werden muß, kann das zu Spannungen in der Klasse führen: das Kind selber will nicht ständig herausgehoben und vorgeführt werden, die Klasse ist ärgerlich wegen der Dauerextrawürstchen, die Lehrerin gestreßt wegen der vielen zusätzlichen Arbeit. In der höheren Klasse sind die Unterschiede zwischen dem Lernvermögen des Kindes und seiner Mitschülerinnen nicht ganz so groß, so dass es weniger zu Spannungen kommt.

Das Überspringen von Klassen ist nicht an besondere äußere Gegebenheiten gebunden und an allen Schulen leicht durchzuführen. Es ist nicht elitär, da die Kinder nach dem Springen in der gleichen sozialen Gruppe sind wie vorher. Wurden sie spät eingeschult, sind sie auch nicht übermäßig viel jünger. Wenn das richtige Kind im richtigen Moment in die höhere Klasse geht und von den Erwachsenen angemessen unterstützt wird, ist das Springen allen Erfahrungen und Untersuchungen zufolge weder emotional noch intellektuell eine besondere Belastung. Die Frage, mit der sich vor allem die Fachleute – Pädagogen und Psychologen – auseinandersetzen müssen, lautet: Welches ist das richtige Kind? Und wann ist der richtige Moment?

Wenn Kinder nicht springen wollen

Manchmal lehnen Kinder es ab zu springen, obwohl sie sich sehr langweilen und die Erwachsenen die Mitarbeit in einer höheren Klasse für die beste Lösung halten. Die Gründe können sehr unterschiedlich sein:
- eine grundsätzliche Angst vor neuen Situationen;
- Befürchtungen, es nicht zu schaffen oder zumindest nicht mehr so gute Noten zu haben, in höheren Klassen Sorge wegen des Numerus Clausus;
- die Angst, Freunde zu verlieren oder keine neuen zu finden.
- Die Sorge, nicht mehr soviel Zeit für Hobbies zu haben.

Sollte Druck ausgeübt werden, wenn ja, wieviel? Diese Frage kann nur genauso individuell beantwortet werden wie die Frage, ob ein Kind ein Instrument lernen, eine Sportart betreiben oder Gemüse essen muß. Zumindest dann, wenn die aufnehmenden Klasse einen positiven Eindruck macht und das Kind nicht allzu ängstlich ist, sollte ein gewisser Druck ausgeübt werden, sich die neue Klasse einmal anzusehen, eventuell in dem Fach, in dem die Unterforderung besonders groß ist oder für eine Probezeit in allen Fächern. Es gibt sehr flexible Lehrerinnen, die ein Kind eine zeitlang nach Wunsch zwischen der alten und der neuen Klasse pendeln lassen. Dieser Zeitraum sollte nicht zu lange dauern – die meisten Kinder sind auch froh, wenn sie wissen, wohin sie gehören –, die Entscheidung der Kinder sollte akzeptiert werden, auch wenn sie gegen das Springen ausfällt. In einigen Bundesländern wie z. B. Niedersachsen ist das Schulgesetz in Bezug auf das Springen inzwischen so offen, dass das Springen später mit Ausnahme der 12. und 13. Klasse jederzeit noch möglich ist.

Andere Lösungen – mehr Freiraum während der Freiarbeit, offener Unterricht, innere Differenzierung, teilweise Freistellung vom Unterricht für andere Projekte, außerschulische Angebote – können versucht werden, sind aber erfahrungsgemäß für diese Kinder oft nicht ausreichend.

Wiederholen und mehrfaches Springen

Die größte Sorge der Kinder und der Eltern ist es, dass das Kind es nicht schafft und so sehr versagt, dass es sitzenbleibt. Diese Sorge ist weitgehend unbegründet, dazu kam es bisher extrem selten. Von keinem der Bundesländer, von denen Totalerhebungen vorliegen, wurden Leistungseinbrüche, geschweige denn ein Wiederholen gemeldet.

Im Einzelfall kann es selbstverständlich doch dazu kommen. Aus den Elternfragebögen ging hervor, dass von den 103 Kindern und Jugendlichen, über die Fragebögen vorliegen, fünf Jungen und ein Mädchen eine Klasse wiederholt haben[3]. Alle waren in der Grundschule gesprungen, drei von ihnen wurden in der 9. Klasse interviewt. Alle drei waren der Ansicht, dass das Wiederholen nichts mehr mit dem Springen zu tun hatte, dass sie ohne das Springen wahrscheinlich auch wiederholt hätten. Bei dem Mädchen hatten sich die Eltern scheiden lassen und sie hatte deswegen zeitweilig nur wenig Energie für die Schule übrig gehabt, eine sechs in Latein konnte nicht ausgeglichen werden. In der neuen Klasse fühlte sie sich emotional sehr wohl, intellektuell wieder unterfordert. Der Bruder, der nicht gesprungen war, wiederholte das gleiche Jahr, sie hatte im Gegensatz zu ihm beim Abitur kein Jahr verloren.

---

3 Diese Zahl erscheint relativ hoch. Allerdings ist zu bedenken, dass ein großer Teil der Fragebögen von Mitgliedern der Deutschen Gesellschaft für das hochbegabte Kind stammen. Anlaß für die Mitgliedschaft sind überdurchschnittlich häufig Probleme mit der Schule und mit den sozialen Beziehungen der Kinder, so dass die Stichprobe keinen Querschnitt z. B. aller Springer eines Bundeslandes bildet.

Auch wiederholtes Springen wurde in den Stichproben der Bundesländer nicht gefunden, in den Elternfragebögen kam es mehrfach vor. Ein Junge war in einer Montessorischule von der 1. in die 3. Klasse gesprungen, eine Mädchen hatte die 1., 4. und 10. Klasse übersprungen. Eine Mutter meinte nach dem zweiten Springen ihrer Tochter, das bringe überhaupt nichts, ihre Tochter sei nach wie vor unterfordert. Beim zweiten und weiteren Springen können die Schülerinnen sehr viel besser mitentscheiden, weil sie eine Vorstellung davon haben, was auf sie zukommt, zum Teil geht es auch von ihnen aus. Ob das eine richtige Entscheidung ist oder ob es andere Lösungsmöglichkeiten für Unterforderung gibt, kann nur im Einzelfall entschieden werden. Mehr Sorge als um das erste Springen ist offenbar nicht nötig. Miraca Gross (1993) fand in eine Untersuchung an 15 australischen höchstbegabten Kindern, dass sich diejenigen sozial am wohlsten fühlten, die mehrfach übersprungen hatten und in ihrem leistungsstärksten Fach – fast immer Naturwissenschaften – schon an der Universität studierten.

Fallbeispiele

Dorothee

Dorothee war früh eingeschult worden. Während der ganzen Schulzeit waren ihre Leistungen immer sehr gut und sie war bei ihren LehrerInnen beliebt gewesen, sie hatte aber ab dem Gymnasium Probleme mit den MitschülerInnen gehabt. „Du bist anders", wurde ihr häufig gesagt. Als die Beziehung zur Klasse in der Mittelstufe unerträglich wurde, wechselte sie das Gymnasium. An der neuen Schule war es noch schlimmer und Dorothee wechselte erneut. Anfangs hatte sie die Hoffnung, nun endlich akzeptiert zu werden, aber nach kurzer Zeit hieß es wieder: „Du bist anders". Inzwischen war sie in der 10. Klasse und ziemlich verzweifelt. In einem Beratungsgespräch wurden verschiedene Möglichkeiten angesprochen, u. a. ein teilweiser Besuch der Universität oder der Wechsel zu einem Internat mit Klassen für Hochbegabte. Auch die Vor- und Nachteile des Springens wurden durchdiskutiert. Ob sie von den dann zwei Jahre Älteren akzeptiert werden würde, war unklar – jede Klasse hat eine andere Chemie –, schlimmstenfalls würde sie genauso ausgegrenzt werden wie bisher, müßte das alles aber ein Jahr weniger ertragen. Dorothee zog zwar diese Lösung allen anderen vor, allerdings war in ihrem Bundesland das Überspringen der 10. Klasse nicht erlaubt. Sie durfte jedoch an einigen Kursen der 11. Klasse teilnehmen, teils um festzustellen, wie schwierig das Springen vom Stoff her werden würde, teils um ihre zukünftigen MitschülerInnen kennen zu lernen. Außerdem nahm sie an einer jahrgangsübergreifenden Theater-AG teil. Dadurch lernte sie Leute aus der Oberstufe kennen, mit denen sie sich auf Anhieb sehr gut verstand. Der Übergang in die

12. Klasse war sozial und intellektuell problemlos. Dorothee erinnert sich nicht, dass es besondere Mühe gemacht hätte, den fehlenden Stoff aufzuholen. Der Wechsel zu einem anderen Gymnasium mit einem anderen Lateinbuch und anderem Vokabular sei sehr viel schwieriger gewesen.

Katrin

Das erste Springen von Katrin im 1. Schuljahr wurde von ihren Eltern in die Wege geleitet, das zweite in der 4. Klasse ging von ihr selber aus. Ursprünglich wollte sie in der 8. Klasse zum dritten Mal springen, weil sie immer noch Klassenbeste war, sich massiv ausgegrenzt und in ihrer Klasse sehr unwohl fühlte. Die Erwachsenen rieten stattdessen zu Zusatzaktivitäten nach dem normalen Unterricht, z. B. die Belegung zusätzlicher Fremdsprachen. Das war einerseits eine zu große Belastung, weil sie auch in diesen Fächern gut sein wollte, löste andererseits keines ihrer Probleme am Vormittag. In der 10. Klasse setzte sie das dritte Springen durch. Es war zwar nicht leicht mit den wesentlich älteren MitschülerInnen, aber erheblich besser als das Klima in der Klasse vorher. Katrin ärgert sich nachträglich darüber, dass sie es sich vorher hatte ausreden lassen. Mit zunehmendem Alter wird es schwieriger, in einer festgefügte Gruppe Fuß zu fassen. Wäre sie in der 8. Klasse gesprungen, könnte sie mehr Erinnerungen – Klassenfahrten, Parties – mit ihren MitschülerInnen teilen, sie würde stärker dazu gehören.

Lutz

Lutz wollte trotz des wiederholten Angebots der Grundschule und des Gymnasiums nicht springen, fand den normalen Unterricht aber „entsetzlich öde". Extrem wurde seine Unterforderung in der 7. Klasse. Durch den Einsatz seiner Eltern und mit Unterstützung von außen konnte erreicht werden, daß Lutz ab Klasse 8 als Gasthörer an der Universität sein durfte; ab Klasse 9 war er zur Hälfte vom regulären Unterricht befreit. Für ihn war diese Lösung ideal: er konnte bei seinen Freunden bleiben, mußte an den Tagen, an denen er anwesend war, gut aufpassen, um den fehlenden Stoff mitzubekommen, so daß er im Unterricht nicht mehr unterfordert war, und fand an der Universität Aufgaben und Gesprächspartner, die seinem Niveau und Interessen entsprachen. Nach seinen Erfahrungen befragt sagte er, er würde jederzeit wieder diese Lösung dem Springen vorziehen. Das setzt jedoch voraus, daß eine Universität in erreichbarer Nähe ist oder daß jemand – in diesem Fall die Eltern – für den regelmäßigen Transport sorgen kann.

Literatur

Feldhusen, John F./Proctor, Theron B./Black, Kathryn N. (1986). Guidelines for Grade Advancement of Precocious Children, in: Roeper Review, 9 (1), S. 25–27

Gross, Miraca M. (1993). Exceptionally Gifted Children, Routledge, London

Habermalz, Wilhelm & Knudsen, Holger, (Hrsg.) (1995). Schulrecht, Ausgabe für das Land Niedersachsen. G 5, Schulr.Nds.Erg.-Lfg. 81, November, S. 19

Heinbokel, Annette, (1996). Überspringen von Klassen. Münster, Lit Verlag (Enthält die Erhebung für Niedersachsen, Auswertung von Elternfragebögen und Interviews mit SpringerInnen und Nicht-SpringerInnen)

Klein, Helmut (1986). Stand, Probleme und Entwicklungstendenzen der Förderung besonders begabter Kinder und Jugendlicher in der DDR. In Bundesminister für Bildung und Wissenschaft (Hrsg.) Hochbegabung – Gesellschaft – Schule (S. 51–66) Bad Honnef : K.H. Bock Verlag

Kraus, Josef (1986): Hochbegabte, in: Honal, W. H. (Hrsg.). Handbuch der Schulberatung, Moderne Verlagsgesellschaft, Landsberg/Lech, S. 1–23

Ministerium für Bildung, Wissenschaft und Weiterbildung Rheinland-Pfalz (Hrsg.) (1997). Entwicklung und Erprobung von Modellen der Begabtenförderung am Gymnasium mit Verkürzung der Schulzeit, Abschlußbericht. Mainz: v. Hase & Köhler Verlag

Prado, Tania M. & Schiebel, Wolfgang, (1996). Entwicklung und Erprobung eines Modells zur Förderung besonders begabter Schülerinnen und Schüler durch Fördermaßnahmen zur Verkürzung der Schulzeit, Ergebnisse – Kurzzusammenfassung. Unveröffentliches Papier. Hamburg: Universität Hamburg, Psychologisches Institut II.

Reitmajer, Valentin, (1988). Überspringen einer Jahrgangsstufe am Gymnasium als Fördermaßnahme für besonders begabte Schülerinnen und Schüler. München: Staatsinstitut für Schulpädagogik und Bildungsforschung.

Reitmajer, Valentin, (1989). Überspringen einer Jahrgangsstufe in der Grundschule als Fördermaßnahme für besonders begabte Schülerinnen und Schüler. München: Staatsinstitut für Schulpädagogik und Bildungsforschung.

Rimm, Sylvia B./Lovance, Katherine J. (1992a): The Use of Subject and Grade Skipping for the Prevention and Reversal of Underachievement, in: Gifted Child Quarterly, 36 (2), S. 100–105

Rimm, Sylvia B./Lovance, Katherine J. (1992b): How Acceleration may Prevent Underachievement Syndrome, in: Gifted Child Today, 15 (2), S. 9–14

Rost, Detlef H. (Hrsg.) (1993): Lebensumweltanalyse hochbegabter Kinder, Hogrefe, Göttingen

Stadt Köln, Dezernat für Schule, Weiterbildung und Sport (Hrsg.) (1993): Entwicklung und Erprobung von Konzepten der Lehrer-, Eltern- und Schulumfeldberatung zur integrierten und individualisierten Förderung besonderer Begabungen im Grundschulbereich, Abschlußbericht über einen Modellversuch, Köln

Southern, W. Thomas/Jones, Eric D. (1992): The Real Problems with Academic Acceleration, in: Gifted Child Today, 15 (2), S. 34–39

Erlebnisberichte

Erlebnisbericht einer Studentin

Eine Klasse überspringen? Die Schuldirektorin lächelt freundlich. Naja, wenn das unbedingt gewünscht sei, werde man sich bemühen. Erleichterung – der große Schritt scheint weniger gewagt, als ich dachte. Doch das freundlich-wohlwollende Lächeln ist nicht das, womit mir die Mehrheit der „Zuständigen" begegnet. Der Blick auf die Miene des Stadtschulrates angesichts meines Ansuchens auf Überspringen der 6. Klasse Gymnasium bleibt mir verwehrt. Allzu erbaulich dürfte er ohnehin nicht gewirkt haben. Lästig, diese Extrawürste. Kleine Ehrgeizlerin, glaubt, sie sei etwas besonderes, weil sie sich in der Schule langweilt. Unterforderung? Ambitioniertes, aber bestimmt unwahres Gedankenkonstrukt der Eltern und der Schulpsychologin. Diese rührende Sorge um das psychische und soziale Wohlbefinden, das gestört werden könnte, konfrontiert man eine 15-jährige mit einer Schulklasse aus 16- bis 17-jährigen. Ob sich jene 15-jährige in ihrer gleichaltrigen Umgebung als Außenseiterin und als solche auch unglücklich fühlt, ist nicht wirklich von Belang. Eigentlich ist das schlicht und einfach unmöglich. Die Entwicklung aller jungen Menschen verläuft schließlich absolut linear und gleichförmig. Es wird sich schon noch zeigen. Gewähren kann man es ja indessen, auch wenn es nur Flausen im Kopf einer Pubertierenden sind. Wahrscheinlich wird sie schon bald an den erhöhten Anforderungen scheitern.

Innerhalb der nächsten drei Tage wirst du ein paar Schularbeiten zu bestehen haben, Mädchen. Morgen 2 Stunden Deutsch, übermorgen 2 Stunden schriftliche Überprüfung der Englischkenntnisse, und danach – aller guten Dinge sind drei – zweistündige Lateinschularbeit. Was die jeweiligen Themenkreise, zu übersetzenden Autoren betrifft: Laß dich überraschen – du meinst ja, du seist gescheit.

Ich schreibe die Schularbeiten in der Bibliothek, zusammen mit jenen, die einen zweiten Matura-Anlauf wagen müssen. Die alles überwachende Lehrkraft fragt diskret – Johanna, hast du einen Nachzipf? Nein, nicht wirklich. Ach so, die bist du. Die Schularbeiten sind überstanden. Eine Lehrerkonferenz diskutiert über das Ansinnen. Endlich trifft die Bescheinigung ein. „Die im Einvernehmen mit der Klassenkonferenz von der entscheidenden Behörde festgelegte Einstufungsprüfung ergab, daß die Schülerin auch für die 7. Klasse sehr gut geeignet erscheint. Die Schülerin ist daher berechtigt, die sechste Klasse zu überspringen."

Es bilden sich zwei Lager unter den Professoren. Jene, die mich verständnisvoll und neugierig begleiten. Jene, die mir zu verstehen geben, daß ihr Unterricht auf einem dermaßen hohen Niveau sei, daß ich es nie und nimmer schaffen würde, ihm gebührend zu folgen. Gleichermaßen eine Provokation sei mein Tun und Handeln. Überhand nimmt diese negative Stimmung, als ich nach ein paar Wochen in der 7. Klasse bekanntgebe, auch das zweite Halbjahr der 7. Klasse ungewöhnlicher zu gestalten, da ich im Rahmen eines Schüleraustauschprogrammes 6 Monate nach Australien ginge. Na, so geht das aber nicht. Stellt sich die doch glatt vor, sie könne von der 5. direkt in die 7. Klasse springen, und nach 3 Monaten dort für längere Zeit in den sonnigen Süden verschwinden, um nach der Rückkehr die Maturaklasse zu besuchen. Das ist unmöglich, unzumutbar. Das arme Kind, eigentlich, so arrogant ihr Ansuchen auch scheint. Man raubt ihm ein Jahr seiner kostbaren Jugend. Schon wieder dieses wohlige Gefühl des Umsorgtseins.

Das Leben ist ein Risiko. Ich fahre nach Australien, komme zurück, besuche die 8. Klasse und schließe parallel dazu die 7. Klasse ab. Nach einigen Monaten ist alles komplett aufgearbeitet, meine Noten werden immer besser. Ich bin total eingebunden in die Klassengemeinschaft, fühle mich wohl. Abschluß der 8. Klasse, Matura, beides erfolgreich.

Heute bin ich Studentin. Resümee? Die meiste Zeit während meiner schulischen Eskapaden wanderte ich auf dem schmalen Grat zwischen Aufgeben und Durchbeißen. Ein Zugeständnis an die „Besorgten", diejenigen, die von Anfang an gegen das Überspringen von Klassen eingestellt waren? Nein, das wohl nicht. Denn zu keinem Zeitpunkt hätte ich kapituliert vor den „intellektuellen" Herausforderungen. Dazu waren sie einfach nicht groß genug. Kapitulation gegenüber der Einstellung anderer Menschen zu meiner Entscheidung, das schon eher. Kapitulation vor der Gewohnheit, jenem, das schon immer „so und nicht anders" gehandhabt wurde, Kapitulation vor unwahren Behauptungen, die über mich kursierten, Kapitulation vor all jenen, an deren Widerstand ich brechen sollte, damit ihre eigenen Vorstellungen vom Möglichen und Unmöglichen im Lot bleiben könnten.

Was bleibt, ist neben einigen bitteren Erinnerungen aber vor allem die Gewißheit, das für mich Richtige und Wichtige getan zu haben. Und das Wissen, daß mein letztes Schuljahr das schönste war, und dies nicht nur eben, weil es das letzte war. Und schon allein die Tatsache, das sagen zu können, läßt mich vermuten, daß es „sich ausgezahlt hat". Bestimmt.

Bericht einer Lehrerin

Seit ungefährt 3 Jahren unterrichte ich nun H. und M. in Deutsch in den Bereichen Aufsatz und Literaturerziehung. Es ist für mich als Hauptschullehrerin eine Freude, mit den Kindern zu arbeiten.

Durch ihre schnelle Auffassungs- und Merkfähigkeit ist ein relativ großes Lernpensum in kürzester Zeit zu erarbeiten. Außerdem können schwierige Inhalte aufgrund der hohen Konzentration und analytischen Fähigkeit durchschaubar gemacht und verinnerlicht werden. Fächerübergreifende Projektarbeit zeigt flexibles Denken und Konzentrationsfähigkeit.

Die Kinder zeichnen sich weiter durch großen aktiven und passiven Wortschatz und logisches Denkvermögen aus. Da ihre Interessen in den verschiedensten Lernbereichen sehr groß ist, sind sie leicht zu motivieren, die Lernbereitschaft ist hoch.

So ist es möglich auch Inhalte für höhere Alterstufen problemlos zu vermitteln.

Bericht einer AHS-Pädagogin – auch in der Lehrerausbildung tätig

Jeder Lehrer kennt begabte Schüler und Schülerinnen. Im Schulalltag begegnen mir Jugendliche, die sehr sensibel für Verwunderliches in Natur und Technik sind. Sie sind neugierig und stellen überraschende Fragen, oder sie lassen sich durch entsprechende Problemsituationen motivieren, der Sache „auf den Grund" zu gehen. Ihre Argumentationen, Beweisketten und Lösungswege sind häufig „unüblich", und gerade das macht für mich den Unterricht immer wieder jeden Tag aufs Neue spannend. Begabte haben Lust am Fragen, bringen aber durchaus mit ihren Ideen nicht selten mein Unterrichtskonzept durcheinander. Obwohl ich kritische, verbessernde oder auch nur erwartungswidrige Unterrichtsbeiträge begabter Schülerinnen und Schüler manchmal als unbequem oder störend empfinde, bin ich der festen Überzeugung, dass gerade für diese Gruppe noch viel mehr getan werden muss, wenn wir nicht zulassen wollen, dass sich bei den betroffenen Jugendlichen Isolation, Aggression oder Resignation einstellen. Aus meiner Unterrichtätigkeit weiß ich, dass es die Auseinandersetzung mit diesen Schülerinnen und Schülern auch mir immer wieder neue Motivation bringt.

Es gibt viele kleine versteckte Gelegenheiten der Begabtenförderung gerade im naturwissenschaftlichen Unterricht im Klassenverband, denn er enthält Situationen unterschiedlichen Anforderungsniveaus. Besondere Gelegenheiten für begabte Jugendliche bieten sich bei der Hypothesenbildung und der Planung der Experimente, mit denen die Hypothesen geprüft werden sollen. Ein flexibler Lehrer kann bei einem begabten Schüler damit große Erfolgserlebnisse ermöglichen. Aber auch beim Schülerexperiment und beim Aufgabenlösen ergeben sich vielfältige Möglichkeiten einer Differenzierung der Anforderungsstrukturen und der Selbständigkeit der Jugendlichen. Um individuelle Schülerinteressen zu fördern, vergebe ich gerne Referate oder stelle dem Schüler einfach geeignete Literatur bereit.

Begabung in der Ausbildung der Lehrerinnen und Lehrer

Friedrich Oswald

Seit sprichwörtlich „urdenklichen Zeiten" existiert in unserem Bildungssystem eine immanente Sozialisation zu Beharrung und rückwärtsgewandtem Denken:

Jemand, der in der Schule eine Jahrgangsklasse überspringen könnte und möchte, erfährt, wenn er/sie Glück hat, vereinzelt Zuspruch, weit zahlreicher allerdings Widerstand mit dem Hinweis, daß das „Wahnsinn" sei (Oswald, 1994); und dies obwohl die Bestimmungen des § 26 des österreichischen Schulunterrichtsgesetzes seit 1974 die Möglichkeit des rascheren Durchlaufens der Schulbahn anbieten.

Jemand, der sein Universitätsstudium rascher als in der vorgeschriebenen Zahl der Semester absolviert, wird nicht vor den Vorhang geholt, er/sie gilt irgendwie als verdächtig; eine Hochzahl von Semestern wird hingegen kommentarlos bis verständnisvoll zur Kenntnis genommen.

Das Langzeit-Studium an Universitäten wird akzeptiert und das Repetieren an Schulen findet statt, das Akzelerieren scheint hingegen tabu zu sein!?

Die Befunde über unsere Bildungsqualität und den Export österreichischer Intelligenz sind widersprüchlich:

Bei den sogenannten „Olympiaden" und internationalen Wettbewerben z. B. für Mathematik, Physik, Chemie u. a. (in Kanada, Japan, Großbritannien ...) sind österreichische Jugendliche in erstaunlich vielen Jahren an den ersten Plätzen oder jedenfalls in den Spitzenrängen zu feiern; sie sind also „Weltklasse"!

Die Kehrseite der Medaille heißt: Es sind oft Jahre hindurch dieselben Schulen und dieselben LehrerInnen, die sich an die Leistungsforderungen heranwagen – ohne Zweifel ein Erweis hoher Intelligenz und Begeisterungsbefähigung gepaart mit großem persönlichen Engagement. (Oswald & Hager, 1997)

Die Gruppe derer, die hervorragende Leistungen aufweisen, scheint sehr schmal zu sein; von diesen lebt aber das österreichische Bildungsprestige und darauf beruht unser zurecht gerühmter Export von Intelligenzen in Wissenschaft, Kunst, Kultur und – wesentlich – im internationalen Wirtschafts- und Finanzwesen.

Es ist real möglich – die besten Schulen und LehrerInnen beweisen es –, Leistung mit Menschenfreundlichkeit in Verbindung zu sehen und auch so zu verwirklichen!

Es wird daher auch möglich sein, Bildungsinstitutionen so einzurichten und so verstehen zu lernen, daß sie auch die Besten in humaner Weise fördern, indem sie eine begabungsfreundliche Lernkultur verwirklichen!

1. Überspringen von Jahrgangsklassen – die Entwicklung einer förderlichen Lernorganisation

Mit der im Jahre 1998 erlassenen Novelle des Schulunterrichtsgesetzes werden für begabte Kinder und Jugendliche an Österreichs Schulen neue Chancenwahrnehmungen ermöglicht:

Laut § 26 Abs. 3 ist „ein Überspringen je ein Mal in der Grundschule, nach der Grundschule bis einschließlich der 8. Schulstufe und nach der 8. Schulstufe zulässig."

(Die entsprechenden Entscheidungsinstanzen sind festgelegt: Schulkonferenz, Abteilungskonferenz; Schulbehörde erster Instanz mit Bestellung einer Prüfungskommission und Durchführung einer Einstufungsprüfung dann, „wenn der Schüler bei einer Aufnahme in die übernächste Schulstufe jünger wäre, als der Schulstufe entspricht")

Für die Grundstufe I der Volksschule wird die Flexibilität sogar noch erhöht, indem Schüler nun berechtigt sind, „während des Unterrichtsjahres in die nächsthöhere oder nächstniedrigere Schulstufe zu wechseln … (SCHUG, § 17 Abs. 5).

Das Entstehen dieses neuen Gesetzes ist auf die Wirkung aus einer positiv geänderten Bewußtseinslage in der Öffentlichkeit zurückzuführen.

Erziehungsberechtigte und Jugendliche selbst (!) sind daran interessiert, Intelligenz, Leistung und Können nicht nach der Zahl von Jahren bemessen zu lassen, sondern nach den individuellen Fähigkeiten.

Die bisher eingeholten Interviews zeigen allerdings eine weithin unvorbereitete Bewußtseinslage an den Schulen.

Bisher bekannte einzelne Erfahrungsberichte lassen nicht ausschließen, dass es an Schulen schon beim Vorbringen des Ersuchens um ein Überspringen von Jahrgangsklassen zu Fällen der Diskriminierung von begabten Kindern und Jugendlichen kommen kann.

Die Ursachen dafür liegen nicht nur in einer Unkenntnis dessen, was Begabung und Kreativität eigentlich ausmacht, viel eher in einem Mangel an Sensibilität für die emotionale und soziale Situation des begabten oder hochbegabten Kindes und Jugendlichen.

Darüber hinaus muss als besonders erschwerend bei manchen Lehrern eine Haltung gesehen werden, die in einem Verkennen der Berufsidentität dazu geführt hat, die Organisationsstruktur des Schulsystems nach Jahrgangsklassen über die Rechte des Individuums zu stellen.

In solcher Haltung wird dann ein Durchbrechen des starren Systems als Angriff gegen die eigene Person empfunden und vorurteilhaft abgewehrt.

Der folgende Text ist ein Erfahrungsbericht über den Vollzug der Bestimmungen des § 26 des österreichischen Schulunterrichtsgesetzes, wie er im Rahmen einer Untersuchung für eine Hausarbeit an der Universität Wien im Jahre 1985 erstellt wurde.

Die Bestimmungen dieses Paragraphen, der das Überspringen von Schulklassen ermöglicht, sind inzwischen durch die Gesetzesnovelle 1998 grundlegend verbessert worden; darauf wird später eingegangen werden.

Die Zitierung dieses Berichtes aus dem Jahre 1985 kann aber deswegen nicht als das Hervorholen eines alten Ladenhüters gesehen werden, weil die hier geschilderten Probleme – leider – nach wie vor auftreten:

Ein tiefgelagertes (falsches) Bewußtsein läßt das „Sitzenbleiben", d. h. das Wiederholen einer Jahrgangsklasse, für „normal" halten, das Überspringen aber als „ungehörig" – im folgenden Protokoll sogar als „Wahnsinn" – erachten.

Die bisher eingeholten Interviews über den Umgang mit den neuen Bestimmungen des § 26, nach denen nun in der Schullaufbahn von der Grundstufe bis zur Maturaklasse ein dreimaliges Überspringen von Jahrgangsklassen ermöglicht wird, lassen ähnliche Szenarios, wie im Folgenden beschrieben, befürchten.

Zum Vollzug des § 26 – ein Erfahrungsbericht, der mehrere Fragen aufzeigt (Oswald 1992, S. 31, 32):

In ihrer Hausarbeit, die D. Gloggnitzer (1985) unter meiner Betreuung im Rahmen Ihres Lehramtsstudiums an der Universität Wien erstellt hat, beschäftigt sie sich unter anderem mit den Erfahrungen, die Eltern, Lehrer und Schüler in der Anwendung des § 26 des österreichischen Schulunterrichtsgesetzes (der das Überspringen von Schulstufen ermöglicht) gemacht haben. Es geht dabei ausdrücklich nicht einfach um ein Plädoyer für das Überspringen von Jahrgangsklassen, sondern um den Aufweis von Einstellungen, die in der Begegnung mit begabten SchülerInnen auftreten können.

Die Autorin ist bei ihrer Untersuchung zu erstaunlichen Ergebnissen gekommen: In weiten Kreisen besteht die Einstellung, daß „so etwas" (das Überspringen) eigentlich ungehörig sei. Tüchtigkeit wird im gesellschaftlichen Leben belohnt, in der Schule kann sie offensichtlich in keinen Vorteil umgemünzt werden.

Für die Arbeit wurden einzelne interessante Interviews durchgeführt. Eine Schülerin, die eine Jahrgangsklasse überspringen konnte, berichtet u. a. folgendes:

„Ich war damals eher sehr ausgeflippt, habe einen Freund gehabt, und mich hat das überhaupt nicht mehr gefreut mit der Schule. Dann war ich in der 7. und habe nicht gewußt, ob es gescheiter wäre aufzuhören oder gleich die Matura zu machen. Meine Eltern stellte ich vor die Entscheidung – entweder mache ich gleich die Matura oder ich höre auf mit der Schule."

Die Eltern der Schülerin richteten ein Ansuchen an das Bundesministerium für Unterricht und Kunst, worauf sie den Bescheid bekamen, daß ein Überspringen der 7. Klasse schon möglich wäre, daß aber alle Prüfungen in Form einer Externistenprüfung an anderen Schulen abgelegt werden müßten.

Alle Fächer mußten schriftlich und mündlich absolviert werden (auch über Turnen mußte die Schülerin eine Prüfung ablegen): „Ich mußte Fragebögen, Tests, Intelligenztests ausfüllen. Bei der Mitteilung der Psychologin, dieser Test sei für Mädchen besonders schwer, hab' ich mir gedacht: Na warte, der werde ich es zeigen! Das Ergebnis wollte sie mir nicht mitteilen, da müßte mein Vater kommen! Er fuhr am Nachmittag hin; die Psychologin war ganz verwirrt: So etwas hätte sie überhaupt noch nicht erlebt, ich hätte eine ausgesprochen männliche Intelligenz! – Der Test war also auf alle Fälle positiv ausgefallen. Ich habe normal die 7. Klasse fertig gemacht, habe dann aber schon parallel dazu den Stoff der 8. Klasse zu lernen begonnen. Dann bin ich zu meinen Prüfern gegangen, um zu erfahren, was sie verlangen – zum Teil haben sie andere Pläne gehabt, andere Bücher. Das war ungemein schwierig Den Sommer hindurch habe ich ziemlich intensiv gelernt. In der ersten Septemberwoche habe ich bei verschiedenen Lehrern, die in ganz Wien verstreut in verschiedenen Schulen waren, die Prüfungen gemacht. Die Lehrer fragten natürlich, warum ich das mache – die Antwort: weil mich die Schule nicht mehr freut!, findet ein Lehrer selbstverständlich als Frontalangriff. Besonders arg war das bei der Physikprüfung: Die Professorin sagte gleich vorweg einmal, ich sei ja wahnsinnig, daß ich das mache: ‚Sie können doch nicht den Stoff der ganzen achten Klasse können!?' Sehr wohl konnte ich das! Diese Prüfung war wie ein Ringkampf. Ich hab' so eine Wut auf diese Lehrerin gehabt, daß mir sogar Sachen eingefallen sind, die ich irgendwo irgendwann einmal gelesen habe. Sie hat mir dann schließlich einen Einser geben müssen! Die einzige, die mich ein bißchen gefördert hat, weil sie selber eine sehr gescheite Person war, war die Mathematik-Professorin. Sie hat mir auch ein paar Tips gegeben.

Ich muß sagen, meine Eltern hab' ich schon sehr ausgenutzt. Meine Mutter hat ein Zeit lang Physik und Chemie studiert und mich daher eher in den naturwissenschaftlichen Fächern abgeprüft, mein Vater einerseits Latein und andererseits alle humanistischen

Fächer, besonders Geschichte. Das meiste habe ich aber schon alleine gelernt. Mein Vater hat mich auch moralisch unterstützt und mir viel geholfen, die Orte zu finden, wo ich die nächste Prüfung habe, Manchmal habe ich schon daran gezweifelt, ob ich es schaffen würde.

Ein Streber war ich allerdings nie – das haben selbst meine Feinde anerkennen müssen!"

Rückblickend wird vermerkt: „Daß man eine Klasse überspringen kann, ist nicht nur eine Frage der Intelligenz – man muß auch energisch sein, konsequent – es ist eine Frage der Nerven."

Es bleiben zu diesem Erfahrungsbericht einige Fragen: Was geschieht mit dem begabten Schüler, mit der begabten Schülerin, der bzw. die solche „Nerven" nicht hat? – Warum sieht sich jemand, der die Schul- oder Bildungslaufbahn in kürzerer Zeit bewältigen könnte, gezwungen, gegen LehrerInnen vorgehen zu müssen? Könnte das Bildungssystem so sein, daß es ein rascheres Durchlaufen ausdrücklich honoriert? Aufgrund weicher Kriterien mißt ein Test „männliche" Intelligenz? Schließlich: Was läßt die (offensichtlich subjektiv sehr bedeutsam) Aussage der Schülerin erkennen, daß sie »nie eine Streberin" gewesen sei, was selbst die „Feinde" anerkennen mußten? Muß man sich für Begabtsein bzw. für besondere Leistungen entschuldigen und muß man dokumentieren, daß man sonst sicher ohnehin „ganz normal" sei?

Was wird in der Anwendung der neuen Bestimmungen des Schulunterrichtsgesetzes entstehen?

Alle Bemühungen um Begabungsförderung bleiben auf der Strecke, wenn die Strukturen des Bildungswesens außer acht bleiben, wenn Begabungsförderung nicht als Anlaß zur Schulreform verstanden wird. Es nützt noch nicht sehr viel festzustellen, daß begabte Schüler vor allem begabte Lehrer brauchen, wenn daran keine Konsequenzen für die Lehrerausbildung und für die Realverfassung der Schule angeschlossen werden. Auch begabte und begabende Lehrer können in der Schule nicht wirklich wirksam werden. Was wir vor allem brauchen, ist eine intelligente Schulstruktur und ein begabtenfreundliches Klima.

2. Begabtenförderung durch die Schule: die Erfolge österreichischer Jugendlicher – und ihrer Lehrer – bei internationalen Wettbewerben und „Olympiaden"

Im Auftrag des Bundesministeriums für Unterricht und kulturelle Angelegenheiten wurde unter der Autorenschaft eines Teams von Wissenschaftern der Universität Wien – Hanisch, Hager, Oswald – eine Studie über die Beteiligung österreichischer Jugendlicher an internationalen Wettbewerben und „Olympiaden" durchgeführt (Oswald/Hanisch/Hager 1999).

Internationale Wettbewerbe – „Olympiaden" – werden alljährlich veranstaltet; die Untersuchung befasst sich mit der Beteiligung österreichischer Jugendlicher an Wettbewerben, die unter diesen Bezeichnungen genannt werden: Mathematik, Physik, Chemie, Informatik, „Jugend innovativ", Fremdsprachen- und Redewettbewerbe, „Europa in der Schule", „Musik der Jugend", Berufswettbewerbe. Erstaunlich oft erscheinen Schüler und Lehrlinge aus Österreich in den Abschlussqualifikationen internationaler Wettbewerbe auf den ersten Rangplätzen.

Die besondere Herausforderung, die für Jugendliche und ihre Lehrer in diesen Beteiligungen gegeben ist und die als solche positiv aufgenommen wird, stellt den Anlass für die wissenschaftliche Untersuchung dar.

Es wird der Frage nachgegangen, ob die Teilnahme an Wettbewerbskursen und an Wettbewerben zur Identifikation von Begabungen und zur Selbstentdeckung persönlicher Fähigkeiten führt und dadurch die Entscheidungsgrundlagen für die individuelle Studien- oder Berufswahl bewusst werden lässt.

Schüler, Lehrlinge, Lehrer, Direktoren, Landesschulinspektoren und Fachinspektoren wurden in dieser Intention befragt. Die Ergebnisse rechtfertigen die Investitionen für derartige herausfordernde Unternehmungen sowohl im Hinblick auf individuelle Bewusstseinslagen als auch im Interesse der Gesellschaft.

Insgesamt konnten 1826 Fragebögen – retrospektiv auf die Teilnahme an Wettbewerben bezogen – ausgewertet werden: An der Untersuchung beteiligten sich 940 Schüler bzw. Studierende, 498 Lehrer der höheren Schulen, 200 Direktoren, 61 Landesschulinspektoren bzw. Fachinspektoren, 92 Lehrlinge und 35 Berufsschullehrer.

- Auf Grund der Untersuchungsergebnisse ist die Bedeutung des fördernden Einflusses der Schule – d. h. im Besonderen die motivierende Anregung durch jene Lehrkräfte, die Wettbewerbskurse und Olympiaden veranstalten, in ihrer fachlichen u n d sozialen Kompetenz – als grundlegend wichtig zu erachten.
- Es lässt sich erkennen, dass Wettbewerbe als Anlässe zur Begabtenförderung aufgefasst werden können: Insbesondere bringen Schüler zum Ausdruck, dass sie die Identifikation ihrer Fähigkeiten, ihres Leistungsbewusstseins und ihres Selbstwertgefühls mit der Person eines Lehrers in Verbindung sehen, wobei das Erwecken des Interesses (der Begeisterung) für ein bestimmtes Fach damit im Zusammenhang steht. Die Erfahrung einer herausfordernden Lernsituation gepaart mit der Erfahrung der Gemeinsamkeit der Lerninteressen mit Gleichgesinnten scheint die Wirkung selbstsicherer und sozialer Haltung für das Leben bewirken zu können.
- Die Angaben von Lehrern, Direktoren und Inspektoren aus dem Bereich der höheren Schulen zu den „offenen" Fragen bezeugen die Anregung kreativer Lernformen und die Forderung nach einer flexiblen Lernorganisation. Eine kontinuierliche Aufnahme dieser Vorschläge würde interessante Modelle

einer begabungsfreundlichen Lernkultur durch eine „Schulreform von Innen"
entstehen lassen.

3. „Begaben": die Fähigkeit, Kindern und Jugendlichen zur Entdeckung ihrer Talente zu verhelfen

In der vor mehr als vierzig Jahren erschienenen und bis heute bemerkenswerten
Schrift zur Bildungsreform über „Begabung und Begaben" hat Heinrich Roth den
Begriff des „Begabens" wieder in den Sprachgebrauch eingeführt.

Er ist bis in die Gegenwart manchen (gewollten oder ungewollten d. h. auf
Unkenntnis beruhenden) Missverständnissen ausgesetzt.

„Begaben" bedeutet: sich so zu verhalten, dass man das Kind (den Jugendlichen, den Partner ...) seine besten Eigenschaften und Fähigkeiten – selbst! – zu
entdecken veranlasst.

Im „begabenden Verhalten", im „Begabend-Sein" (K. Urban, 1992) kommt
eine Form der „sozialen Intelligenz" (H. Gardner, 1991) zum Ausdruck:

Den Umgang mit Menschen, denen wir das „Talent des Begabend-Seins" zu-
erkennen, beschreiben wir etwa mit folgenden Attributen: Sie sind anregend, sie
bewirken, dass wir uns frei und sicher fühlen, dass wir „über uns selbst hinaus-
wachsen" und zu unserem Erstaunen viel bessere Leistungen als sonst vollbrin-
gen, dass wir (ungeahnte) Ideen und Einfälle produzieren und uns selbst als
kreativ erleben.

Eine solche Person zum Lehrer zu haben bedeutet, höchste pädagogische
Begabung erfahren zu dürfen.

In seinem Aufsatz „Lerntests auch für Hochbegabte?" zitiert Guthke (1992)
mit Bezug auf Sternbergs bereits Mitte der Achtzigerjahre erschienenes Buch mit
dem aufsehenerregenden Titel „Beyond IQ" (1985) dessen Aussage, dass für die
Intelligenzdiagnostik die Erkundung der „Aneignungsfähigkeit" wichtiger sei als
die Feststellung bloßer Wissensunterschiede.

Die Aussage lenkt die Aufmerksamkeit auf den Lernaspekt als Kriterium der
Begabungsidentifikation.

Der Lernaspekt bleibt bei Tests üblicherweise – als Momentaufnahmen – un-
beachtet; ein Verborgenbleiben bzw. ein Nicht-Erkennen von Begabungen ist dadurch möglich. Es gibt Beispiele von (später entdeckten) hochbegabten Kindern,
deren Leistungen im Test einfach deswegen schlechter erschienen, weil sie angesichts schwieriger Problemstellungen länger über mögliche Lösungen nach-
dachten und mehr Zeit auf das Erkennen der Fragen verwendeten und am Ende
weniger richtige Ergebnisse vorweisen konnten. (Die „Entdeckung der Langsam-

keit" wäre übrigens mit Sten Nadolnys Erzählung über den Seefahrer Franklin anschaulich zu belegen.)

Guthke meint dazu, dass man bei der Hochbegabtendiagnostik „nicht nur auf die ‚testintelligenten' Schüler achten" solle, sondern „auch auf grüblerische, besonders selbstkritische, manchmal vielleicht sogar zunächst langsam wirkende Denker". „Lerntests", so folgert er, „geben gerade psychisch labileren, ängstlicheren und stress-sensiblen Hochbegabten eine Chance" (Guthke, 1992, S. 134)

Als einigermaßen erstaunlich muss das Übersehen des Lernaspekts im herkömmlichen Testverfahren deswegen bezeichnet werden, weil klassische Definitionen zur Hochbegabungsdiagnostik ohnehin deutlich darauf hinweisen, dass der Prozess der Wissensaneignung – nicht nur des Wissensstandes – zu beobachten wäre, wenn man echten Aufschluss über ein Talent gewinnen möchte.

So definiert z. B. Thorndike (1924) „Intelligenz als die Fähigkeit zum Lernen". Heinrich Roth betont in dem bereits zitierten Buch „Begabung und Lernen" (1969), dass „die konventionellen Intelligenztests wenig geeignete Begabungsindikatoren seien, das sie immer nur Anfangsleistungen erfassen" könnten; er folgert weiter: „Der Ausgangs- und Richtpunkt für alle Aussagen über Begabung sollten also offenliegende und nachprüfbare Lernleistungen und der Zuwachs an Lernleistungen sein." (vgl. Guthke, 1992, S. 128)

Die Beobachtung der Kinder beim Lernen erscheint in neuen Untersuchungen als unabdingbares Element der Begabungsidentifikation; die Hereinnahme von Lernverlaufsanalysen zur Hochbegabtendiagnostik ist unabdingbar.

Für die Bewertung von Lehrerurteilen im Rahmen der Begabungsidentifikation wird die Bezugnahme auf Lerntests nun insofern von Bedeutung als eine nach entsprechender Befassung mit Kriterien der Identifikation und Beobachtung der Kinder durchgeführte Erhebung von Lehrerseite im Sinne eines Screenings verwendet wird (Heller & Hany, In: Guthke, 1992).

Die Autoren nennen Faktoren der Begabung, die eher nur in Prozessen der Beobachtung von „Aneignungsfähigkeit" (Sternbergs „knoweldge acquisition") in Erfahrung gebracht werden können: Erkenntnisstreben, Ausdauer, Kreativität.

Lehrer sind Personen, die dafür geeignet sind oder durch entsprechende Ausbildung oder Fortbildung dazu befähigt werden können, gute Beobachter und Beurteiler dieser Fähigkeit zu sein.

Im Zusammenhang dieser Überlegungen gewinnen Untersuchungen über „die Rolle nicht-kognitiver Persönlichkeitsmerkmale für die Begabungs- und Leistungsentwicklung" (Perleth & Sierwald, In: Heller, 1992) besondere Bedeutung.

In der genannten Untersuchung geht es unter anderem um die Auswirkung der folgenden nicht-kognitiven Persönlichkeitsmerkmale auf das Erscheinungsbild der Begabung: Angst, Selbstkonzept, Stabilität der Denkabläufe, Arbeitsplanung und -organisation, Motivationskontrolle, Aufmerksamkeitssteuerung, Kooperation mit Gleichaltrigen, Erkenntnisstreben, Hoffnung auf Erfolg, Furcht vor Misserfolg ...

Dabei zeigen z. B. die Merkmalsprofile kreativer SchülerInnen Tendenzen der Zusammenhänge mit Hochbegabung bei folgenden Aspekten: Selbstkonzept, Motivationskontrolle, Hoffnung auf Erfolg, Erkenntnisstreben.

Für das „begabende Verhalten" kann daraus jedenfalls mit einiger Berechtigung der Schluss gezogen werden, dass eine Bestärkung dieser Faktoren – durch Zuwendung, Aufmerksamkeit, Anerkennung, Hilfe und Herausforderung beim Lernen, Zusicherung eines Erfolgserlebnisses – als kreativer Impuls gewertet werden darf.

Die zitierte Untersuchung bringt zusätzlich den Hinweis, dass die Bedeutung der genannten Persönlichkeitsfaktoren in schwierigen Situation der Entwicklung oder der Phasen des Lebensverlaufs größer ist als die der (nachweislich vorhandenen) Intelligenz.

Wenn der Schuleintritt nun zwar nicht im Sinn der Untersuchung als problematische Lebensphase bezeichnet werden kann, so ist doch der Bezug auf die Anspannung und auf das Gefühl der Unsicherheit angesichts der für das Kind ganz neuen Situation ein konkreter Anlass, um hier eine Parallele zumindest andeutungsweise zu sehen:

Begabungen können durch Bestärkung und Beachtung der Persönlichkeit des Kindes eher entfaltet werden.

Begabungsförderung beginnt mit der Kunst des Begabens, mit der durch die Lehrerpersönlichkeit gestalteten „begabungsfreundlichen Lernkultur".

Literatur

Bundesgesetzblatt für die Republik Österreich Nr. 22/1998 vom 18. August 1998: Änderung des Schulunterrichtsgesetzes

Campbell, James & Wagner, Harald & Walberg, Herbert (1999): Academic Competitions Designed to Challenge the Exceptionally Talented. New York: St. John's University

Cropley, Arthur & McLeod, John & Dehn, Detlev (1988): Begabung und Begabungsförderung. Entfaltungschancen für alle Kinder. Heidelberg: Asanger

Csikszentmihaly, Mihaly (1997/3): Wie Sie das Unmögliche schaffen und ihre Grenzen überwinden. (Original: Creativity, Flow and the Psychology of Discovery): Stuttgart: Klett-Cotta

Dörner, Dietrich (1993): Die Logik des Misslingens. Strategisches Denken in komplexen Situationen. Reinbek bei Hamburg: Rowohlt

Dörner, Dietrich & Kreuzig, Heinz W. (1983): Problemlösefähigkeit und Intelligenz. In: Psychologische Rundschau, 34/1983, S. 185–192

Feger, Barbara (1988): Hochbegabung, Chancen und Probleme. Bern: Huber

Gardner, Howard (1991): Abschied vom IQ. Die Rahmen-Theorie der vielfachen Intelligenzen. Stuttgart: Klett-Cotta

Guthke, Jürgen (1992): Lerntests auch für Hochbegabte? In: Hany, E. & Nickel, H. (1992): Begabung und Hochbegabung. S. 125–141. Bern, Göttingen: Huber

Jäger, Adolf Otto (1984): Intelligenzstrukturforschung: Konkurrierende Modelle, neue Entwicklungen, Perspektiven. In: Psychologische Rundschau, 35/1984, S. 21–35

Kary, Rudolf (1992): Probleme der Begabungsförderung. Untersuchungen zu Schulversuchsmodellen in Niederösterreich. Dissertation, Universität Wien

Kratochwil, Leopold (1992): Unterrichten können. Brennpunkte der Didaktik. Baltmannsweiler: Schneider Verlag Hohengehren

Landau, Erika (1984): Kreatives Erleben. München, Basel: Reinhardt

Landau, Erika (1990): Mut zur Begabung. München, Basel: Reinhardt

Mönks, Franz J. (1996): Elite-Debatte im Scheinwerfer. In: Psychologie in Erziehung und Unterricht, 1996, S. 219–224. München: Ernst Reinhardt

Mönks, Franz J. & Katzko, Michael W. & van Boxtel, Herman W. (1992): Education of the Gifted in Europe: Theoretical and Research Issues. Report of the Educational Research Workshop held in Nijmegen (The Netherlands), 1991. Amsterdam/Lisse: Swets & Zeitlinger

Olechowski, Richard (1987): Begabungsförderung und Schulentwicklung. In: Erziehung und Unterricht, 1987/1, S. 2–11. Wien: Österreichischer Bundesverlag

Oswald, Friedrich (Hg.) (1987): Differenzierung und Individualisierung im Unterricht. Investitionen für die Zukunft in Bildung und Wirtschaft. Wien: Österreichische Pädagogische Gesellschaft

Oswald, Friedrich & Pfeifer, Bernhard & Ritter-Berlach, Gerlinde & Tanzer, Norbert (1989): Schulklima. Die Wirkungen der persönlichen Beziehungen in der Schule. Wien: WUV-Universitätsverlag

Oswald, Friedrich & Hanisch, Günter & Hager, Gerhard (1999): Individuelle Begabtenförderung. Begabungen und ihre Entwicklung im Bereich der Bildung und der Berufslaufbahn. Studie im Auftrag des Bundesministeriums für Unterricht und kulturelle Angelegenheiten über die begabenden Wirkungen der Beteiligung österreichischer Jugendlicher an Wettbewerben und Olympiaden. Wien: Bundesministerium für Unterricht und kulturelle Angelegenheiten

Oswald, Friedrich & Klement, Karl (Hg.) (1993): Begabungen – Herausforderung für Bildung und Gesellschaft. Symposion 1, Krems. Wien: Jugend & Volk

Oswald, Friedrich & Klement, Karl & Boyer, Ludwig (Hg., 1994): Begabungen entdecken – Begabte fördern. Wien: Jugend & Volk

Perleth, Christoph & Sierwald, Wolfgang (1992): Entwicklungs- und Leistungsanalysen zur Hochbegabung. In: Heller, Kurt A. (Hrsg. 1992): Hochbegabung im Kindes- und Jugendalter. Göttingen: Hogrefe-Verlag für Psychologie

Posch, Peter (1987): Begabtenförderung als Ansatz innerer Schulreform. In: Begabungsförderung – Expertentagung des Bundesministeriums für Unterricht, Kunst und Sport, Wien

Renzulli, J. S. (1978): What makes Giftedness? Reexaming a definition. Phi Delta Kappa, 60, S. 180–184

Renzulli J. S. (1986): The Three-Ring Conception of Giftedness: A developmental model for creative Productivity. In: Sternberg, R. J. & Davidson (Eds.): Conceptions of Giftedness, S. 53–92. Cambridge: Cambridge University Press

Rose, Lotte (1991): Das Drama des begabten Mädchens. Lebensgeschichten junger Kunstturnerinnen. Weinheim, München: Juventa

Roth, Heinrich (1952): Begabung und Begaben. In: Flitner, Andreas & Scheuerl, Hans (Hg.) (1984): Einführung in pädagogisches Sehen und Denken. S. 113–125. München, Zürich: Piper

Urban, Klaus K. (Hg., 1992): Begabungen entwickeln, erkennen und fördern. Hannover: Universität Hannover, FB Erziehungswissenschaften

Vereinigung Österreichischer Industrieller (Hg.) (1990): Begabungen erkennen, fördern, nutzen. Anregungen zur Begabtenförderung. Wien: Vereinigung Österreichischer Industrieller

Wagenschein, Martin (1977/6): Verstehen lehren: genetisch, sokratisch, exemplarisch. Weinheim, Basel: Beltz

Wieczerkowski, Wilhelm (1985): Interview zum Thema „Entdeckung der Hochbegabten. Heißt das neue Motto: Auslesen statt fördern?" – Dörte Schubert in: Die Zeit, 12. 4. 1985, S. 49

Wieczerkowski, Wilhelm & Prado, Tania (Hg.) (1990): Hochbegabte Mädchen. Bad Honnef: Bock

Wild, Klaus-Peter (1991): Identifikation hoch begabter Schüler. Lehrer und Schüler als Datenquellen. Heidelberg: Asanger

Grundlegendes und Aktuelles zur Begabtenförderung

Thomas Köhler

Wissenschaftliche Statistiken weisen (mit gewissen Schwankungen) aus, dass rund 2,5 bis 5 Prozent aller Kinder eines Jahrgangs generell hoch begabt sind und weitere 25 Prozent überdurchschnittliche Begabung in speziellen Bereichen haben.

Der Förderung dieser Kinder wird seit dem Amtsantritt von Bundesministerin Gehrer mehr Stellenwert als früher eingeräumt. Standen Politiker und Pädagogen in den 70er und frühen 80er Jahren den Begriffen „Begabung" bzw. „begabt" zum Tel noch kritisch gegenüber, so hat sich der Trend heute geändert. Aus Gründen der Chancengleichheit orientiert man den Unterricht nicht nur am Durchschnitt der Klasse und am sogenennten „unteren Bildungsrand", sondern auch am „oberen". „Leistungsstärkere" Schüler sollen die gleiche pädagogisch-didaktische Zuwendung erfahren wie „leistungsschwächere". Man will die Integration *beider* Gruppen.

Die Bildungsziele, die sich das Bundesministerium für Unterricht zu deren Förderung gesteckt hat, lauten demzufolge:

- allgemein Begabungen und Talente effizienter und effektiver als bislang für die Gemeinschaft (Wirtschaft, Gesellschaft) sicht-, greif- und nutzbar machen;
- an den (Aus-, Weiter-)Bildungseinrichtungen ein begabungsfreundliches Klima schaffen (Hebung der Sensibilität);
- an den Schulen ein Verkümmern von Talenten bzw. eine „innere Immigration", Destruktion oder Desintegration überdurchschnittlich begabter Schüler vermeiden;
- den Unterricht für diese möglichst aufgeschlossen (z. B. durch motivierende und innovative Unterrichtsmaterialien) und differenzierte (z. B. durch den Erweiterungsstoff) gestalten;
- eine einander stimulierende Zusammenarbeit überdurchschnittlich begabter mit normal und unterdurchschnittlich begabten Kindern sicherstellen bzw. Schüler/innen verschiedener Begabung nicht prinzipiell voneinander tren-

nen, sondern aufeinander zuführen (z. B. durch die Leitung von Arbeitsgruppen durch überdutchschnittlich begabte Schüler als Ergänzung der Lehrer);
- den Unterricht ergänzende Kurse (z. B. an der Universität oder an „Sommerakademien") zur Weiterentfaltung der Begabung anbieten.

Die Ausgangsbasis bzw. Definition, die diesen Bildungszielen zugrunde liegt, besagt, dass Begabung sowohl *umfassend* als auch *dynamisch* zu begreifen bzw. zu behandeln sind: „umfassend" in der Hinsicht, dass es neben Intelligenz und Intellektualität auch deren kreativer Umsetzung in der sozialen Gemeinschaft (Klasse) bedarf (*Wechselspiel aus Intelligenz/Intellektualität, kreativer Umsetzung und sozialem Engagement);* „dynamisch" in der Hinsicht, dass sich Begabungen in dem Ausmass verändern (verbessern bzw. verschlechtern), in dem sie erkannt, gefordert und gefördert werden. So können sie letztendlich zu voller Entfaltung gelangen, andererseis aber auch verkümmern. Eine *maßvolle, kontinuierliche und zielgerichtete Befassung mit ihnen ist unbedingt notwendig.*

An der Volksschule Pfeilgasse, Wien 8, kommt dieses Konzept z. B. zur Anwendung:

Lehrer begegnen überdurchschnittlich begabten Kindern mit thematisch-methodischer Offenheit und gehen auf ihre besondere Bedürfnisse ein. Flexiblere Lehr- und Lernformen werden erprobt. Neue und über den normalen Unterricht hinaus gehende Materialien motivieren. Dem Kind werden, nach fürsorglicher Vorsortierung seinem jeweiligen Talent adäquate Themen offeriert, denen es spielerisch (also mit Freude und Spaß) begegnet. Weiters wird der Schüler (vgl. Bidungsziele) als Ergänzung des Lehrers mit der Leitung von kleinen Arbeitsgruppen betraut, um auf diese Weise in der Praxis zu erfahren, seine Begabungen an die Gruppe anzupassen und kreativ umzusetzen. Kooperationen mit interessierten Eltern und einschlägigen Vereinen runden das Programm ab.

Im Zuge der bereits gesetzten und noch zu setzenden Aktivitäten des Bundesministeriums für Unterricht ist es ab 1998 nun auch in der Volksschule möglich, dass überdurchschnittlich begabte Kinder Schulstufen überspringen. Setzen sie dies auch in der „Unterstufe" und „Oberstufe" der weirführenden Schulen fort, so werden sie prinzipiell mit 15 Jahren maturieren können. Ein zügiger Umstieg in die Universitäten und andere Hohe Schulen ist geplant.

Weitere Aktivitäten, die sich auf die Volksschule beziehen, aber auch auf die weiterführenden Schulen ausgedehnt werden, sind z. B. die „ECHA-Kurse (benannt nach dem European Council for High Ability), ein dreigliederiges Verfahren, in dessem ersten Teil die interssierten Lehrer in Richtung Hebung der Sensibilität für dieses Thema und Erkennung bzw. Förderung von Begabungen wissenschaftlich fundiert unterwiesen werden (Abschluss mit Diplom), in dessen zweiten Teil das erworbene Wissen an der Schile in der Praxis mit Schülern angewandt wird und in dessen dritten Teil dieses Programm ganzheitlich-spielerisch an „Sommerakademien" in den Ferien abgerundet wird.

Seit dem Wintersemester 1998/99 hat die „Sir-Karl-Popper-Schule" am Wiedner Gymnasium Wien 4, den Betrieb aufgenommen. Sie basiert v.a. auf gegenseitiger interkommunikativer Lern- und Lehrunterstützung z. B. durch „Coaching" zwischen Schülern untereinander einer- und Schülern und Lehrern andererseits. Ausgehend von der Sekundarstufe II soll die als Versuch geführte Schule schrittweise über Sekundarstufe I bis in die Grundstufe ausgedehnt werden.

Zum Programm des Bundesministeriums für Unterricht zählt ausser einer Datenbank, in der alle Aktivitäten bundes-, aber auch bundesländerweit per Internet abrufbar sind, die Evaluierung der vielfältigen Wettbewerbe und „Olympiaden" (zur Feststellung der Auswirkungen auf den späteren Lebenslauf der Teilnehmer), sowie u. a. längerfristig die Einrichtung einschlägiger Preise und Stipendien.

Gesetzliche Grundlagen zur Begabten- und Hochbegabtenförderung

In der Praxis sind die entsprechenden Gesetzestexte und deren juridische Auslegung sehr häufig nicht bekannt. Dies zeigte sich in vielen Beratungen und Anfragen an den Verein. Sogar für Insider ist es äußerst schwierig und sehr mühsam von kompetenter Seite klare, gleichlautende Auskünfte – besonders über die juridischen Auslegungen – zu erhalten. Schriftliche Antworten oder Stellungnahmen wurden meist vermieden.

Auch uns gelang es nicht – trotz wiederholter Zusagen! –, einen Beitrag mit juridischen Erläuterungen zu den Gesetzestexten aus dem Unterrichtsministerium zu erhalten. Daher können wir nur die unserer Meinung nach in Frage kommenden Gesetzestexte abdrucken. Ob noch andere Paragraphen in Frage kommen könnten, konnten wir leider auch nicht in Erfahrung bringen.

1.   Überspringen von Schulstufen

§ 26. (1) Ein Schüler, der auf Grund seiner außergewöhnlichen Leistungen und Begabungen die geistige Reife besitzt, am Unterricht der übernächsten Schulstufe teilzunehmen, ist auf sein Ansuchen in die übernächste Schulstufe aufzunehmen. Die Aufnahme in die übernächste Schulstufe ist nur zulässig, wenn eine Überforderung in körperlicher und geistiger Hinsicht nicht zu befürchten ist. Im Zweifel ist der Schüler einer Einstufungsprüfung und allenfalls auch einer schulpsychologischen und (oder) schulärztlichen Untersuchung zu unterziehen. Schüler der Grundstufe dürfen nur dann in die übernächste Schulstufe aufgenommen werden, wenn sie dadurch in eine Schulstufe gelangen, die unter Bedachtnahme auf eine vorzeitige Aufnahme in die Schule (§ 7 des Schulpflichtgesetzes 1985) ihrem Alter entspricht. Schüler der Grundstufe dürfen nur dann in die übernächste Schulstufe aufgenommen werden, wenn dadurch die Gesamtdauer des Grundschulbesuches nicht weniger als drei Schuljahre beträgt.

(2) An Schularten mit Leistungsstufen muß der Schüler in allen leistungsdifferenzierten Pflichtgegenständen die höchste Leistungsgruppe besuchen und es muß die erfolgreiche Teilnahme am Unterricht der jeweils höchsten Leistungsgruppe in der übernächsten Stufe zu erwarten sein.

(3) Zur Entscheidung gemäß Abs. 1 ist die Schulkonferenz, an Schulen mit Abteilungsgliederung die Abteilungskonferenz zuständig. Wenn der Schüler bei einer Aufnahme in die übernächste Klasse jünger wäre, als der Schulstufe (auch unter Bedachtnahme auf eine etwaige vorzeitige Aufnahme in der Grundstufe) entspricht, so hat die Schulbehörde erster Instanz die Aufnahme zu bewilligen, wenn der Schüler auf Grund einer Einstufungsprüfung vor einer von der entscheidenden Behörde zu bestellenden Prüfungskommission außergewöhnlich geeignet erscheint; ein derartiges Überspringen ist je ein Mal in der Grundstufe, nach der Grundstufe bis einschließlich der 8. Schulstufe und nach der 8. Schulstufe zulässig.

(4) Stellt sich nach der Aufnahme in die übernächste Klasse (Abs. 1) heraus, daß die Voraussetzungen für den Besuch der betreffenden Schulstufe noch nicht gegeben ist, so hat der Schulleiter mit Zustimmung des Schülers dessen Aufnahme in die übernächste Klasse zu widerrufen und gleichzeitig seine Aufnahme in die nächste Schulstufe auszusprechen. Der Widerruf bzw. die Aufnahme in die nächste Schulstufe ist jedoch nur bis zum Ende des Kalenderjahres der Aufnahme in die übernächste Schulstufe zulässig.

2. Befreiung vom Unterricht zum Zwecke der Begabtenförderung

§ 45. Fernbleiben von der Schule

(4) Auf Ansuchen des Schülers kann für einzelne Stunden bis zu einem Tag der Klassenvorstand, darüber hinaus der Schulleiter (der Abteilungsvorstand) die Erlaubnis zum Fernbleiben aus wichtigen Gründen erteilen.

Im Mai 98 fand eine vom Bundesministerium für Unterricht und kulturelle Angelegenheiten veranstaltete Tagung zur Intensivierung der Zusammenarbeit zwischen Schule und Universität statt. Als eines der dort erzielten Ergebnisse wurde berichtet, daß „wichtige Gründe" auch mehr als bisher im Kontext mit der Förderung überdurchschnittlich begabter Schüler/innen zu sehen sei und von dieser Möglichkeit einer Freistellung auf Zeit bzw. mittler Dauer Gebrauch gemacht werden soll.

3.   Abmeldung in den häuslichen Unterricht

§ 11 (2) Die allgemeine Schulpflicht kann ferner durch die Teilnahme an häuslichem Unterricht erfüllt werden, sofern der Unterricht jenem an einer im § 5 genannten Schule – ausgenommen die Polytechnische Schule – mindestens gleichwertig ist. Die Eltern oder die sonst Erziehungsberechtigen haben die Teilnahme ihres Kindes an einem im Abs. 1 oder 2 genannten Unterricht dem Bezirksschulinspektor jeweils vor Beginn des Schuljahres anzuzeigen. Der Bezirksschulrat kann die Teilnahme an einem solchen Unterricht innerhalb eines Monats ab dem Einlangen der Anzeige untersagen, wenn mit großer Wahrscheinlichkeit anzunehmen ist, daß die im Abs. 1 oder 2 geforderte Gleichwertigkeit des Unterrichts nicht gegeben ist. Gegen die Entscheidung des Bezirksschulrates kann Berufung an den Landesschulrat erhoben werden, gegen die Entscheidung des Landesschulrates ist kein ordentliches Rechtsmittel zulässig.

(4) Der zureichende Erfolg eines im Abs. 1 oder 2 genanntes Unterrichts ist jährlich vor Schulschluß durch eine Prüfung an einer im § 5 genannten entsprechenden Schule nachzuweisen, soweit auch die Schüler dieser Schule am Ende des Schuljahres beurteilt werden. Wird ein solcher Nachweis nicht erbracht, so hat der Bezirksschulrat anzuordnen, daß das Kind seine Schulpflicht im Sinne des § 5 zu erfüllen hat. Gegen die Entscheidung des Bezirksschulrates ist kein ordentliches Rechtsmittel zulässig.

In vielen Bereichen fehlen noch klare Durchführungsbestimmungen, die allen Beteiligten das Leben sehr erleichtern würden! Auch eine Überarbeitung der derzeitig gängigen juridischen Auslegung, welche Schulstufen übersprungen werden dürfen und welche nicht, wäre sinnvoll. Diese Interpretation stellt sich nämlich für viele Betroffenen als Behinderung oder zusätzlich große psychische Belastung dar, da durch sie nicht immer im individuell günstigsten Augenblick gesprungen werden darf. Außerdem scheint es diskriminierend, denn beim „Klassewiederholen wegen zu schlechter Leistung" gibt es auch keine gesetzlichen „Sperrzeiten", in denen nicht repetiert werden darf. Kinder im Hausunterricht wurden im § 26 überhaupt nicht bedacht, denn diese haben keine Klassenkonferenz, sondern nur externe Prüfungen. Für den Fall, daß Überspringen einer Schulstufe für eine Kind oder einen Jugendlichen nachweislich immer noch zu wenig ist, da es in allen Belangen nachweislich immer noch unterfordert ist, gibt es vom Gesetzgeber immer noch kein „Auffangnetz". Diese Fälle kommen jedoch immer wieder vor, sei es die Kinder befanden sich zuvor im Hausunterricht, sei es, daß dem Kind nach kurzer Zeit in der neuen Klasse schon wieder alles langweilig ist und ähnliche Probleme, wie vor dem ersten Überspringen hatte, entwickelt. Auch hier erweisen sich die „gesetzlichen Sperrzeiten" als äußerst hinderlich! Denn vom Gesetz her ist es derzeit nicht erlaubt 2 Klassen auf einmal zu überspringen, alternative, in der Praxis für alle Beteiligten praktikable und zufriedenstellende Möglichkeiten im Regelunterricht sind im Gesetz jedoch auch nicht vorgesehen. Hier muß vor allem an jüngere Schüler, die noch nicht mit Auslandsaufenthalten Zeit und Frust überbrücken können, gedacht werden, aber auch an solche mit einzelnen Spitzenbegabungen, wie auch an diejenigen Schüler, die nicht überspringen wollen, es entwicklungsmäßig jedoch durchaus könnten!

Erlebnisberichte

Meine Erlebnisse mit der Hochbegabung (ein 9-Jähriger berichtet)

Ich befreundete mich oft mit Buben, die mich sofort fragten: „Wie heißt du? Wie alt bist du? Was hast du für Hobbies? Wann ist dein Geburtstag? Wo gehst du in die Schule?"

Damals war ich noch jünger, und ich wollte ehrlich sein. Ich sagte, dass ich sieben Jahre alt bin und zu Hause in die Schule gehe, weil ich hochbegabt bin. „Was ist hochbegabt?" fragten sie mich. Ich antwortete ihnen so gut ich konnte. Da begannen sie furchtbar zu spotten: „Streber, Klugmeier, Minieinstein, Rechner, Computerhirn." Ich war total unglücklich und sagte: „Ihr wißt gar nicht, wie unrecht ihr habt!" Erst ein Jahr später erzählte ich es meiner Mutter, und ich bemerkte, dass die Kinder nicht verstanden haben, was Hochbegabung ist.

Ein Vater berichtet

Hochbegabung ist nicht nur ein individuelles Schicksal, sondern auch ein soziales Problem für das betroffene Kind und seine Familie. Wie groß diese Probleme manchmal sind, können sich die nicht davon Betroffenen meist nicht vorstellen.

Im Abstand von 1 1/2 Jahren bekamen wir zuerst ein Mädchen und dann ein Buben. Wir freuten uns riesig, hatten wir uns die Kinder doch sehr gewünscht. Das Mädchen durchlief einige Entwicklungsstufen im Eilzugstempo, sprach sehr zeitig, fragte und hinterfragte bereits sehr jung sehr vernünftig, argumentierte höchst logisch, interessierte sich fast schubmäßig immer wieder für andere Sachbereiche, für den jeweils aktuellen aber immer bis ins kleinste Detail. Sie war heiter, fröhlich, schlief wenig, lernte an Automarken und Reklameschildern in der U-bahn mit ca. 2,5 Jahren lesen und hatte mit ca. 3 Jahren verzweifelte Wutausbrüche, da ihre Buchstaben noch nicht so schön waren, dass sie ihr gefielen. Sie begann von sich aus zu schreiben und zu rechnen, wünschte sich mit 3,5 Jahren Englisch zu lernen, da ein Onkel in Amerika war und englische Bücher in unserem Haushalt herumlagen. Sie wollte Schwimmen lernen und lebte eine Zeit lang nur noch von Schwimmkurs zu Schwimmkurs, in dem sie in kürzester Zeit Rückenschwimmen, Kraulen und Brustschwimmen in laut Lehrer äußerst guter Technik erlernte. Daneben verarbeitete sie kiloweise Fingerfarben, Ton und Sand. Für uns war sie ein aufgewecktes, wiss-, lese- und schreibhungriges Kind. Sie konnte uns sehr fordern, doch sich auch sehr rücksichts- und verständnisvoll lange Zeit alleine beschäftigen, wenn man sie darum bat und eine Erklärung abgab, warum es jetzt nicht anders ginge. Irgendwann begannen wir uns zu fragen, ob unsere Tochter wirklich „schneller unterwegs" sei als andere Kinder ihres Alters oder ob wir uns dies nur einbildeten, wie uns oft erwidert wurde, wenn wir irgendwen zögernd danach fragten. Wir waren unsicher und begannen herum zu fragen. Wir bekamen auch viele Antworten, auch von kompetenter Stelle, nur klärend, hilfreich oder Auskunft gebend waren sie nicht. Letztlich landeten wir bei einer engagierten versierten Pädagogin. Wo wir klare Antworten bekommen könnten? Wo man testen könne? In Österreich eigentlich nirgends und ein Fachmann, auf dessen Ergebnisse man sich verlassen könne, sei in Hannover beheimatet – Ein weiter Weg, aber wir flogen. Testergebnis und Beurteilung: Annähernd gleichmäßig höchstbegabt mit besonderem Gewicht auf Sprachen. Vor Schuleintritt wurde dieses Ergebnis nochmals bestätigt, als wir nochmals zu diesem Experten kommen durften, weil wir wegen der Schullaufbahn unserer Tochter völlig im Unklaren waren und auch unser Sohn, wenn auch etwas anders, mittlerweile auch fast 4 Jahre höchst verdächtig in die gleiche Richtung war. So wurde auch er getestet, wobei auch hier unser Verdacht bestätigt wurde und auch er sehr breitbasig höchstbegabt eingestuft wurde. Zu den gleichen Resultaten kam später eine in Niederösterreich beschäftigte Schulpsychologin, die mittlerweile Hochbegabungsexpertin in Österreich geworden ist.

Suche nach einem Kindergarten

Die Suche nach einem Kindergartenplatz in Wien war ein Dornenweg. Sie liegt schon lange zurück, daher nur zwei Zitate aus bekannten städtischen Kindergärten „mit so was können wir uns nicht befassen, wir müssen auch ausbilden" und „auch wenn wir Platz hätten, würden wir uns das nicht antun". Diese Antworten waren hart, aber zumindest ehrlich. Viele andere öffentliche und private Kindergärtenführungen waren mit freundlichen Worten vollkommen abweisend. Am schlimmsten waren aber jene, die aus Überheblichkeit oder Trägheit das Problem vollkommen ablehnten und uns als „Eislaufmutter" bzw. „Fussballvater" hinstellten. Die einzige Schandtat, die wir begangen hatten, war offen zu sagen, dass unsere Kinder hochbegabt sind. Letztlich landeten wir im Kindergarten einer englisch sprachigen internationalen Schule (natürlich teuer). Versprochen wurden alle möglichen Förderungen. Der Endzustand war, dass unsere Kinder als Aufpasser, Vorleser etc. verwendet wurde und sich nicht wohl fühlten. Letzteres wurde von ihnen artikuliert und wir sahen es auch an Zeichnungen, die im Kindergarten ein Gekritzel und zu Hause äußerst differenziert und weit über dem Altersniveau waren. Bald hatten wir leider die Probleme, die wir auf österreichisch vermeiden wollten, auf englisch. Wir nahmen beide Kinder aus diesem Kindergarten. Der einzige Vorteil des Unternehmens war, dass beide besser Englisch sprachen als gleichaltrige native speaking Kinder.

Jetzt kam einer der wenigen Glücksfälle: Beim vielen Suchen und Herumfragen fanden wir durch einen Wandzettel eine Österreicherin, die english native speaking erzogen worden war und darüber hinaus in hohem Maße pädagogisches Talent besaß. Daneben fand sich doch noch eine Montessorispielgruppe, wo die Kinder an 3 Halbtagen mitspielen durften. Nach ca. einem halben Jahr wollten sie dort aber nicht mehr hingehen, da es viel zu langweilig war. So kam die „Amerikancrin" häufiger, für Deutsch fand sich eine ehemalige Schulkollegin der Mutter, eine Volksschullehrerin. Es blieb aber das Problem der sozialen Kontakte. Dieses zu lösen erforderte Zeit-, Geld- und Kilometeraufwand. Spielgruppen, Musikunterricht, Turnen, Schwimmen, kulturelle events, Kinderbesuche da, Kinderbesuche dort.

Hier eine kleine Einlage

Unsere Familie ist groß, es gab damals einige heranwachsende Kinder und es war naheliegend zu fragen und eventuell Rat zu suchen. Wir hatten ja noch immer ein ungutes Gefühl, aber auch die Meinung, dass verständnisvolle Menschen, die uns kennen, auch unsere Sorgen erfassen würden. Da haben wir geirrt. Das Spektrum der Antworten war breit, natürlich alles nur gut gemeint, Warnungen, Vorhersagen, Vergleiche, Vorträge. Nie jedoch die Frage, wie die Kinder damit zurecht kommen, wie es uns dabei geht, was Hochbegabung denn sei. Es bestand demnach kein Unterschied zur Reaktion von Aussenstehenden.

Volksschule

Da unsere Kinder zum Zeitpunkt der Einschulung bereits um mehrere Jahre voraus waren, wurde uns – nicht nur von SchuldirektorInnen, sondern auch vom schulpsychologischen Dienst und anderen Fachleuten der Hausunterricht mit viel sozialem Kontakt am Nachmittag geraten. Dies sollte den Kindern die Freude an sich selbst und dem Lernen erhalten und dennoch einer sozialen Isolierung entgegenwirken. Der Hausunterricht erfolgte durch die Privatlehrerin englisch – amerikanisch. Am Ende jedes Schuljahres wurde von der Mutter und ihrer Freundin österreichisch ergänzt. Dazu kam eine zufällige Bekanntschaft mit einer geborenen Spanierin, die sich bereit erklärte, mit den Kindern spanisch zu sprechen. Die notwendigen Jahresabschlußprüfungen erfolgten in einer Volksschule.

Die Bedingungen für Externistenprüfungen sind festgeschrieben. Wenn bei unseren Kindern eine der gesetzlich vorgegebenen Regeln erfüllt wurde, war dies Zufall. Unter anderem wurde nie für Ruhe und Störungsfreiheit gesorgt und die Kinder bis an die Grenze der Belastbarkeit belastet – war dies Gedankenlosigkeit – Rücksichtslosigkeit – Ausleben von Prestigebedürfnis – oder anderes? Wir wissen es nicht. Regulär im Sinne der Schulgesetze war es nicht – kindesfreundlich schon gar nicht!

Hier eine kurze Besinnung auf den finanziellen und organisatorischen Aspekt. Wir zahlen Steuern und durch diese ist auch der öffentliche Schulbetrieb möglich. Die Schule war damals nicht in der Lage Hochbegabte angemessen zu unterrichten. Wir mussten aus eigenen Mitteln dafür aufkommen (auch für die Schulbücher, die andere Kinder großteils vom Staat erhalten) – vom organisatorischen Aufwand ganz zu schweigen! Die Kinder fielen dem öffentlichen Schulsystem 1x pro Jahr zu den externen Prüfungen „zur Last" und diese Last wurde ihnen auch voll vermittelt.

1994 – zu einer Zeit als in Österreich noch fast niemand öffentlich von Hochbegabung sprach, wurde der Österreichische Verein für hochbegabte Kinder gegründet. Der Anfang war eine Selbsthilfegruppe von ca. 10 Familien. Mit dem Ziel der Öffentlichkeitsarbeit, um das Problem bei Politikern, Ministerien, Schulbehörden, Lehrern und Eltern bekannt zu machen. Hochbegabung war damals weitgehend unbekannt oder, da mit Elite in Zusammenhang gebracht, ein politisch belasteter und verpönter Begriff.

Einige wichtige Erkenntnisse brachte die Vereinsgründung

- das Bewusstsein, dass wir nicht allein waren
- dass die Ablehnungen und Missverständnisse, die wir erlebt haben, auch anderen passierten – manchmal noch viel ärger als uns.
- die Tatsache, dass die wenigsten Lehrer über Hochbegabung informiert und auch nicht in den dazu notwendigen pädagogischen Feinheiten unterrichtet worden waren.
- die Tatsache, dass Hochbegabtenunterricht vermehrte Arbeit bedeutet, die nur Wenige lieben.

1998 wurde vom Parlament eine Änderung des Schulgesetzes beschlossen, die das Leben der Hochbegabten erleichtern sollte. Vor allem sind damit auch klare Vorgaben für die Schulbehörden und Lehrer gegeben. Der Haken dabei ist nur, dass der Text und seine Interpretationen bis heute (Anfang 2000) noch nicht überall bekannt sind. Der Vorteil ist aber, dass man nun über Hochbegabung sprechen kann, ohne gleich überfahren zu werden. Auch haben mittlerweile eine große Anzahl von bemühten engagierten Pädagogen und Beamten österreichweit die Tragweite und den Handlungsbedarf erkannt – all diesen sei für ihre unermüdliche Hilfe, ihr Durchhaltevermögen und Engagement für die betroffenen Kinder und Jugendlichen gedankt. Doch auch viele dieser Förderer erleben Ähnliches wie hochbegabte Kinder – sie werden belächelt, geschnitten, oft wenig in ihrem Engagement gefördert und unterstützt. Auch hier gehört noch viel nachgeholt!

AHS

Schon lange vor Volksschulabschluß begannen wir zu überlegen und nach einer geeigneten AHS zu suchen. Erschwerend war unser ländliches Wohnen. Damit hatten wir drei Probleme

- die Hochbegabung und das notwendige Lehrangebot,
- den Schulweg und
- die Auseinandersetzung mit den zuständigen Lehrern und Beamten.

Zum letzten Punkt ist zu sagen, dass in jeder Entscheidungsebene und zwischen den Ebenen Kompetenzkreise bestehen, in welchen ein Akt (das ist aber ein Kind!) im Kreis geschickt werden kann. Auch Antworten und Entscheidungen, die nicht geleistet werden, treffen letztlich wieder das Kind! Durch Hin und Her, Kompetenzverschiebungen etc. kann viel Zeit verloren gehen. Doch Unterricht und Schule sind auch Zeiteinheiten, die so verloren gehen. Viel gravierender ist aber die dadurch eventuell entstehende Entmutigung der Kinder. Wir kennen dies aus eigener bitterer Erfahrung:

Zuerst suchten wir ungeachtet des weiten Schulweges in Wien und fanden zwar Schulen, die in Betracht zu ziehen waren. Es scheiterte aber meist am langen Schulweg, an langem Nachmittagsunterricht und Ähnlichem. Ein Internat kam nicht in Frage. Es blieben zwei Schulen in der näheren Umgebung übrig.

Unsere Kinder waren in Wissen und Lehrstoff mindestens 1–2 Jahre weiter als es ihrem Alter entsprach. Eine AHS-Lehrerin der Schule, in der unsere Tochter eingeschult wurde, las die Aufsätze der 9-Jährigen und meinte, sie wäre froh, würden ihre Schüler aus der 5.Klasse (ca. 14–15 Jahre) solche Aufsätze schreiben. Auch im Englischen wurde Oberstufenniveau bestätigt. Daher ergab sich zwingend die Frage nach dem Überspringen einer Klasse bzw. der höherklassigen Einschulung in die Regelschule. Dies wiederum ergab natürlich Gespräche auf den verschiedenen Ebenen der Schulverwaltung. Wir wissen, dass es heute bereits in allen Ebenen der Verwaltung Personen gibt, denen Hochbegabung kein Fremdwort mehr ist. Die sehr bemüht ihr Möglichstes beitragen, um die Situation betroffener Schüler zu verbessern. Doch sind diese leider immer noch in der Minderzahl. Andere fühlen sich leider noch immer durch zusätzliche Fragen oder Akte belästigt, da dies Mehrarbeit bedeutet und die vorsprechenden Eltern oder Pädagogen sind für sie komisch – eingebildet – arrogant – usw. Diese Vokabel und noch einige mehr haben wir zu hören bekommen. Aber nicht nur wir, auch viele Mitglieder unseres Vereins.

Höherklassiges Einschulen ist gesetzlich nicht möglich, auch das Überspringen der ersten AHS nicht, sodaß diese Klasse noch im Hausunterricht erledigt werden mußte. Nach Abschluß der Prüfungen, die erst nach langem Hin und Her gemacht werden durften, wurde es unserer Tochter erlaubt in der 2. Klasse als außerordentliche Schülerin zu „schnuppern", um nach Überspringen der 2. Klasse schließlich als ordentliche Schülerin der 3. Klasse aus dem Hausunterricht in das Regelschulwesen eingeschult zu werden. Das Hin und Her sagt und schreibt sich leicht, es ging aber fast ein halbes Jahr verloren und an das Kind, das alles mitbekam und dadurch enttäuscht und frustriert wurde (es wartete ja schon endlich in die Schule gehen zu dürfen), dachte niemand. Daß das Kind zum ersten Mal in seinem Leben in die Schule ging und daher – wie jedes andere Kind zu Schuleintritt selbstverständlich Hilfe erhält – auch von den Lehrern Hilfe gebraucht hätte, daran dachte ebenso außer uns niemand. Auch das Gesetz setzt keine Rahmenbedingungen für die Eingliederung in den Regelunterricht nach langjährigem Hausunterricht. Da hieß es immer nur „da muß sie halt durch, daß ist soziales Lernen – hätten Sie sie halt nicht unter den Glassturz gestellt" – auch Arroganz ist uns von einer Lehrkraft vorgeworfen worden, wie wir um Kooperation und Hilfe baten. Daß der Hausunterricht jedoch mangels vernünftiger Alternativen auch auf Empfehlung der Schulbehörde gewählt wurde, wurde weggewischt. Soziales Lernen war in den Augen der Lehrer nur bei unserer Tochter nötig, denn sie sollte mit Mobbing, Demütigung, Ausgrenzung etc. halt fertig werden lernen – ohne Hilfestellung der Lehrer, sie mußte da durch. Daß auch die anderen Schüler sozial hätten lernen können, daß gegenseitige Toleranz und Verständnis etwas anderes ist als sie praktizierten, wurde als Lehrziel leider nicht wahrgenommen, von vielen Lehrpersonen aber auch nicht vorgelebt.

So wurde aus Freude am Lernen und Freude auf die Schule innerhalb kurzer Zeit Schulenttäuschung, Schulangst, Schulaversion und letztlich absolute Schulverweigerung. Diese konnte leider mangels Kooperationsbereitschaft der Schule nicht mehr aufgelöst werden, sodaß ein Schulwechsel folgte.

Die Wirkung dieser Vorgänge auf die kindliche Psyche können sich auch Sensible und Aufgeschlossene kaum vorstellen. Denken sie auch an die Auswirkungen, den psychischen Stress für die übrigen Familienmitglieder, auch an die Zeitverluste, die durch Vorsprachen, Telefonate und Schriftverkehr sich mitunter auf mehr als einen Arbeitstag pro Woche belaufen haben. Denken Sie daran, dass die Kinder nebenbei ihre ausserschulichen Aktivitäten benötigten, um sich noch irgendwie wohl zu fühlen, was wieder Geld, Zeit und gefahrene Kilometer bedeutet. Auch beim Buben wurde schließlich aus ähnlichen Gründen ein Schulwechsel nötig.

All das, obwohl im Schulgesetz geschrieben ist, dass jedes Kind entsprechend seiner intellektuellen, emotionalen und sozialen Reife gefördert werden muß. Es muß daher auch im obersten Bereich der Begabungsskala analoge Hilfen und Möglichkeiten geben, wie sie bereits am anderen Ende zu Recht existieren!

In fachpolitischen Kreisen werden die österreichische Bildungsmöglichkeiten immer als die besten oder eine der besten der Welt gepriesen. Denkt man im Zusammenhang mit unseren Erlebnissen darüber nach , ist man verzweifelt. Wissen Schulbehörde und Lehrer überhaupt, wieviel psychisches Leid Kinder und Jugendliche durch Negieren ihrer Persönlichkeit erleiden müssen und wieviel geistige Substanz durch solch Verhalten dem Staat verloren geht?

Bei gutem Willen geht es auch anders

Erfreulicherweise gibt es aber auch mancherorts sehr positive Veränderung. Eingehen und konstruktiven Umgang bei Schwierigkeiten, gute Zusammenarbeit aller Beteiligten zum Wohle der betroffenen Kinder und Jugendlichen. Folgende Erlebnisberichte sollen als positive Beweise und Ermunterung zur Nachahmung dienen! Mögen sie vielerorts nachgeahmt, variiert oder ausgebaut werden! Mögen dafür gesetzliche Rahmenbedingungen geschaffen werden, daß solch positive Lösungen überall in Österreich – in Kindergärten, Schulen und Universitäten – gefunden und praktiziert werden können!

Elternbericht 1

Schule über alles – wenn sie nur will

Wir verschwendeten keinen Gedanken an die Schule, als Marian geboren wurde. Wer tut das schon? Wir waren glücklich, entnervt, todmüde und begeistert, und wir erfolgten erstaunt die Fortschritte, die dieser kleine Mensch machte. Naturgemäß war das Kind einzigartig für uns, wie jedes Kind für seine Eltern einzigartig sein muß. Er sprach recht früh, ja, und mit Hilfe von Videoaufzeichnungen aus dieser Zeit können wir retrospektiv feststellen, dass sein Entwicklungsstand in jedem Lebensalter ungewöhnlich hoch war, damals aber war Hochbegabung kein Thema für uns. Stolz auf unser Kind waren wir, selbstverständlich.

Wir machten uns auch noch keine Gedanken über die Schule, als Marian mit 1 1/2 Jahren zu zählen begann, mit 2 Jahren zu lesen. Unsere Sorge galt einem Kindergartenplatz: Freunde zu finden, zu spielen, mit Fremden umgehen zu lernen war das wichtigstes Ziel.

Allmählich wurden die Reaktionen der Umwelt bedeutsamer für uns: „Noch nicht drei Jahre alt, und kann schon lesen? Er will etwas über Erdbeben wissen? Über den Mars? Halten Sie ihr Kind fern davon! Geben Sie ihm nichts zu lesen! Nehmen Sie ihm notfalls Bücher weg!"

Seltsame Ansichten
„Lassen Sie ihr Kind doch Kind sein!"
Ist es und bleibt es, beruhigen Sie sich!
Dann war Marian drei Jahre alt, und wir begannen uns Sorgen um seine schulische Laufbahn zu machen. Wir hatten entdeckt, dass er bereits mehr wußte, als die erste Schulklasse je von ihm verlangen würde. Aber woher soll man Informationen bekommen?

Ein Bericht im ORF im Jahre 1995 wies uns den Weg zum ‚Österreichischen Verein für hochbegabte Kinder‘; der Verein war als Selbsthilfegruppe gegründet worden, um Eltern, die wie wir mit der Thematik nicht im geringsten vertraut waren, zu unterstützen. Der Verein ermöglichte uns den Kontakt zu Frau Dr. Dr. Andrea Richter, einer Schulpsychologin des niederösterreichischen Landesschulrates und Spezialistin für die Erkennung von Hochbegabung bei Kindern. Marian wurde getestet, eine Hochbegabung wurde festgestellt.

Mittlerweile war es gelungen, einen Kindergartenplatz für Marian zu finden. Die Kindergärtnerinnen waren sehr bemüht, unser Kind seinen Platz in der Gruppe finden zu lassen, und wenn es auch nicht immer gelang, ihn einzugliedern, so taten sie doch ihr Bestes; so zogen sie unter anderem eine Sonderkindergärtnerin zu Rate, die ihrerseits die Anstellung einer zusätzlichen Kindergärtnerin für diese Gruppe ermöglichte.

Als die Frage nach einer geeigneten Grundschule für Marian allmählich drängender wurde, geschah Wunderbares: die Volksschule Pfeilgasse trat an den ‚Österreichischen Verein für hochbegabte Kinder‘ heran und präsentierte ein Projekt, welches, basierend auf dem ‚Dynamischen Förderkonzept‘, speziell die Förderung hochbegabter Kinder vorsah, und von einigen engagierten Lehrerinnen getragen werden sollte.

Wir waren immer Befürworter des ‚öffentlichen Weges‘. Unserer Meinung nach kann die Schule Hochbegabte fördern, ohne sie zu separieren Ja wir *verlangen* sogar von ‚unserem‘ Schulsystem, dass es *jedem Kind das ihm adäquate Lernen* ermöglicht. Tatsächlich ist dafür aber ein Mehraufwand erforderlich, und so sind es noch immer die Lehrer und Direktoren, die durch persönlichen Einsatz das Potential der Schulgesetzgebung ausschöpfen, gegebenenfalls eine Erweiterung und Verbesserung dieser Schulgesetzgebung anregen.

Im Jahre 1996 begann Marian seine Schulzeit an der Volksschule Pfeilgasse. Zwei Lehrerinnen betreuten eine Klasse von 25 Kindern. Sie ermöglichten Marian unter anderem, stundenweise am Unterricht in einer 4. Klasse, im Jahr 1997 einmal wöchentlich auch am Unterricht der 3. Klasse der Hauptschule Pfeilgasse im Fach Chemie/Physik teilzunehmen.

Naturgemäß gab es kleine Probleme in der 1. Klasse, war doch diese Form des Unterrichts noch nie versucht worden, im Vergleich zu den Schwierigkeiten jedoch, die wir erwartet und befürchtet hatten, waren diese Probleme marginal und stets mit geringem Aufwand zu lösen.

Im Jahre 1998 erweiterte sich der Bereich der Möglichkeiten erneut: Eine Lehrerin, deren Tochter am Gymnasium Albertgasse unterrichtet wird, regte an, Marian einmal wöchentlich diese Schule besuchen zu lassen. Sie ermöglichte ein Gespräch mit dem Direktor des Gymnasiums. Der Direktor war bereit, vorbehaltlich der Zustimmung des Lehrers, diesen Versuch zu gestatten. Nachdem das

Einverständnis der Schulinspektoren eingeholt worden war, konnte mit einem Lehrer für Mathematik und Physik am Gymnasium Albertgasse, der seine prinzipielle Bereitschaft schon vorher kundgetan hatte, die weitere Vorgehensweise besprochen werden. Marian wurde gestattet, einmal pro Woche jeweils an einer Stunde Mathematik und einer Stunde Physik der 2. Klasse teilzunehmen. Nachdem sich herausgestellt hatte, dass er fachlich in der Lage war, dem Unterricht zu folgen, und sozial integriert werden konnte, wurden die Gymnasiumsstunden im Schuljahr 1998/99 zur ständigen Einrichtung.

Im Dezember 1998 fand die alljährliche Vorführung der Chemie-Leistungsgruppe des Gymnasiums Albertgasse statt. Da Marians Hauptinteresse immer schon der Chemie gegolten hatte (so wußte er bereits im Alter von vier Jahren Namen sowie Ordnungszahl sämtlicher chemischen Elemente), traten wir an den Professor, der die Leistungsguppe leitete, heran und fragten ihn, ob er sich prinzipiell mit dem Gedanken anfreunden könnte, einen Siebenjährigen an seiner Chemieklasse teilnehmen zu lassen. Der Lehrer war naturgemäß skeptisch, erklärte sich aber bereit, den Versuch zu wagen; er befürchtete allerdings, Marian das Interesse an der Chemie zu verderben, da Vortragstempo und Vortragsstil einer Maturaklasse selbstverständlich nicht an die Bedürfnisse eines Grundschulkindes angepasst werden können. Marian jedoch verlor weder die Begeisterung für Chemie noch überforderte ihn das Lernen am Gymnasium: er absolvierte auch Physik-Prüfungen mit sehr gutem Erfolg.

Im Jahre 1999 entwickelten die Direktorin der VS Pfeilgasse sowie Marians Lehrerinnen ein Projekt, welches ihm ermöglichen sollte, im Klassenverband seiner jetzt 3. Klasse zu verbleiben, aber die 4. Schulstufe inklusive Berechtigung des Aufstiegs in das Gymnasium zu absolvieren. Das Projekt läuft derzeit sehr erfolgreich und ist ein engagierter und sinnvoller Versuch, Kindern ein relativ kontinuierliches soziales Umfeld zu bieten.

Marian besucht im Schuljahr 1999/2000 weiterhin das Gymnasium Albertgasse und fühlt sich wohl, in der 3. ebenso wie in der 7. Klasse.

Wir haben nach einem Gespräch mit dem Direktor des Gymnasiums unser Kind im Februar 2000 am Gymnasium Albertgasse angemeldet und im März eine Bestätigung über die Aufnahme Marians im Herbst 2000 in einer 1. Klasse erhalten.

So sehen wir nicht ohne Skepsis, aber dennoch hoffnungsvoll in die Zukunft: wir wissen mittlerweile, was das österreichische Schulsystem zu leisten imstande ist – wenn es nur will.

Elternbericht 2

Unser Sohn M. wurde ohne unser Wissen von seiner Hochbegabung eingeschult. Die Langeweile war bereits nach einem halben Jahr erkennbar, wir hofften allerdings auf ein besseres zweites Schuljahr. Da wurde allerdings jeder Tag zur Katastrophe: „Ich halte das nicht mehr aus", toben, Hausübungen verweigern, Verweigerung in der Schule ständig etwas zu wiederholen, heftigster Protest durch „Schmieren". Nun mußten wir schleunigst aktiv werden. Nachdem die Hochbegabung unseres Sohnes feststand, gab es für ihn – laut Auskunft der Direktorin und seiner Lehrerin – nur die Möglichkeit des Überspringens einer Schulstufe. M. konnte langsam in seine neue Klasse hineinwachsen, indem er täglich ein paar Schulstunden dort verbrachte, Er wurde von den neuen Kameraden mit offenen Armen aufgenommen, durfte noch auf Schullandwoche mitfahren. Wir erreichten sogar, dass er vorzeitig in der zweiten Klasse Volksschule abgeschlossen wurde und somit die letzten zwei Monate vor den Sommerferien bereits fix in der dritten Klasse war.

Der Umstieg war leicht und sehr erfolgreich. M. war wieder ein fröhliches Kind. Die größten Schwierigkeiten in der Volksschule waren die Uninformiertheit der Lehrer und der Direktion und die Tatsache, dass sie vom Stadtschulrat zum Teil Fehlinformationen erhalten hatten, die wir mit Unterstützung des Vereins für hochbegabte Kinder aufdecken konnten.

Nun geht unser Sohn in die erste Klasse Gymnasium. Ab Weihnachten wurden wir wieder damit konfrontiert, dass er fast alles langweilig fand. Der Weg zu den einzelnen Professoren war sehr erfolgreich. So viel Verständnis, Einfühlungsvermögen und die Bereitschaft M. zu fördern und zu unterstützen, hatten wir gar nicht erwartet. Gleichzeitig mußten wir feststellen, dass einerseits Professoren es auch toll finden, einen wissbegierigen Schüler vor sich zu haben, dass aber auch andererseits stets die Frage auftauchte: *Wie* kann ich denn fördern? *Was* soll ich denn tun? Gemeinsam mit uns Eltern suchten und suchen sie nach Möglichkeiten. Die Freude unseres Sohnes über das Bemühen der Professoren ist nicht zu übersehen und wenngleich es immer noch so manche „Durststrecke" gibt, ist er nun auch geduldiger.

Was können Eltern tun?

R. Bergsmann

Die meisten Eltern reagieren beim Verdacht ihr Kind könnte hochbegabt sein, zuerst einmal skeptisch, oft abwehrend. Nach der Diagnose brauchen sie einige Zeit bis sie das Ergebnis akzeptieren und ein weiteres Weilchen bis sie auch dahinterstehen können. Neben Freude mischt sich Angst und Sorge die Verantwortung dafür auch wirklich tragen zu können.

Eine klare fachkundige Diagnostik ist aus mehreren Gründen wichtig. Oft erklärt sie viele Eigenarten und Verhaltensweise des Kindes, die nun auch aus einer anderen Perspektive gesehen werden müssen. Sie kann veränderte Verhaltensweisen und Reaktionen der Umgebung nötig machen, bereits vorhandene modifizieren oder bestätigen. Sie hilft häufig als Argumentationsbasis bei Pädagogen, denn das Ergebnis wurde von einem Experten oder einer Expertin festgestellt und nicht „von verklärten Eltern erdichtet". Auch kann die Diagnose in Zeiten großer Schwierigkeiten Mut machen, helfen dranzubleiben, an die Begabungen zu glauben und nicht zu verzweifeln, sondern auf die Stärken zu vertrauen. Ein Begabungsprofil zeigt die Schwerpunkte der Begabungen an, aber auch das Ausmaß der einzelnen Begabungselemente. Fördern Sie nie nur die Spitzenbereiche! Versuchen Sie eine möglichst ausgewogene Förderung von „Höhen" und „Tiefen". Helfen Sie ihrem Kind zu sich und seinen Begabungen zu stehen und sich selbst zu vertrauen.

Versuchen Sie ihrem Kind zu vermitteln, dass Sie es mögen, so wie es ist, dass Sie zu ihm stehen, wann immer es nötig ist, dass Sie ihm helfen und es unterstützen, wenn es dies möchte. Versuchen Sie auf das Kind einzugehen, es zu verstehen. Denken Sie daran, dass das Kind und auch der Jugendliche große emotionale Geborgenheit und Zuwendung braucht. Zumindest das Zuhause sollte ein Zufluchtsort, ein Ort des Verstehens sein, ein Ort, wo das Kind so sein darf, wie es ist, ein Ort, der auch ein wichtiger Energiespeicher ist. Beachten Sie, dass die Kinder ihr Anderssein meist sehr wohl erleben, dass sie aber gelegentlich Hilfe und Unterstützung brauchen, dieses Anderssein auch akzeptieren zu können.

Vergessen Sie nicht, dass ihr Kind ebenso gerne wie Sie oder andere Kinder gelobt wird und Anerkennung braucht. Helfen Sie ihm mit seinem Perfektionismus fertig zu werden. Immer wieder werden Sie dabei als Tröster unterwegs sein! Versuchen Sie ihm partnerschaftlich zur Seite zu stehen und zeigen Sie ihrem Kind immer wieder, dass Sie es so akzeptieren und lieben, wie es ist und sich darüber auch freuen. Und diese Freude dürfen Sie auch selbst spüren, lassen Sie sie auch zu, denn primär ist es schön solch ein Kind zu haben und es begleiten zu dürfen! Mitunter ist es zwar kräfte- und nervenraubend, doch daran gewöhnt man sich. Vergessen Sie nie sich selbst Hilfe oder Unterstützung zu holen, wenn es einmal ganz schwierig scheint und Sie selbst ratlos sind – das ist nicht nur erlaubt, sondern für alle entlastend, hilfreich und zielführend.

Mit dem oft von der Umgebung entgegengebrachten Unverständnis dem Kind, aber auch ihrem Handeln gegenüber sind Sie nicht alleine, sehr viele Eltern solcher Kinder berichten davon und leiden darunter.

Versuchen Sie jedoch auch zu bedenken, wie schwierig es oft schon für uns Eltern ist, unser eigenes Kind zu verstehen, wie schwierig muß es dann für einen Außenstehenden sein! Das gleichzeitige Nebeneinander von Kind – und Erwachsensein ist oft so verwirrend und überfordernd.

Binden Sie Ihr Kind in Entscheidungen ein, denn es weiß sehr wohl, was ihm gut tut, was es will und erklären Sie ihm ihre Entscheidungen mit klaren Begründungen, dann können diese viel leichter angenommen werden! Hören sie sich jedoch auch alle Gegenargumente des Kindes an, sind Sie kompromissbereit und offen. So kann Zusammenleben alle bereichern!

Erika Landau sagt: „Mut zur Begabung" – haben Sie ihn und ermutigen Sie ihr Kind dazu!

Literatur: siehe Literaturverzeichnis

Aller Anfang ist schwer

R. Bergsmann

Hochbegabtenförderung bekommt nun auch in Österreich einen höheren Stellenwert. Ein wichtiges Zeichen dafür setzte die Schulgesetznovelle vom Sommer 1998, worin erstmalig auch Hochbegabung berücksichtigt wurde. Unser Verein hatte im Vorfeld an der Gesetzesänderung einigen Anteil. Noch ist nicht alles ausgereift, Einiges wartet auf Verfeinerung, Einiges überhaupt noch auf Aufnahme ins Gesetz. Doch immerhin ein wichtiger Impuls und Schritt wurde gesetzt, dies ist äußerst positiv und dankenswert! Denn dadurch wird die Aufmerksamkeit von Pädagogen, Schulbehörden und Psychologen auf die Tatsache gelenkt, dass Hochbegabung existiert und nicht Einbildung einiger ehrgeizbesessener Eltern ist.

Wir befinden uns nun am Beginn eines Gesinnungswandels, in einer Übergangsphase, und daher ist es selbstverständlich, dass da und dort noch nicht alles reibungslos läuft, dass in der Praxis der Umgang mit Hochbegabung noch vielen Pädagogen, Psychologen und Behörden, aber auch manchen Eltern Schwierigkeiten bereitet! Die Gründe dafür sind vielerlei. Literatur über Hochbegabung existiert reichlich, nur ist sie in Österreich weitgehend unbekannt. Fort- und Ausbildung zur Thematik stehen erst am Beginn. Dazu kommt, dass viele Lehrer im Bewußtsein ihrer fachlichen Kompetenz der Meinung sind, dass „Hochbegabung" für sie kein Problem sei. Unseren Erfahrungen nach sind es gerade jene Personen, die keine einschlägige Literatur gelesen haben und wenig bis keinen Umgang mit betroffenen Kindern hatten. Zahlreiche Veröffentlichungen geben darüber Auskunft und zitieren auch Fehlleistungen, bei denen meist die Kinder die Leidtragenden waren.

Derzeit liegen noch viele Schwierigkeiten im Management, in der Beurteilung und der Zuordnung hochbegabter Kinder und Jugendlicher im Rahmen der Schule – also in der Praxis.

Ellen Winner postuliert in ihrem Buch „Hochbegabt" (Klett Cotta 1998) zu Recht, dass die Ursachen hierfür in neun Mythen zum Begriff „Begabung" zu finden seien. Mythen, die sich aus verschieden Gründen in Bevölkerung und

Pädagogik halten. Hochbegabung ist einerseits noch immer ein politisch hochbrisantes Thema, andererseits erweckt sie oft Neid. Nicht selten werden solche Kinder wegen ihrer Besonderheiten als Störfaktoren im Unterricht und zeitweise sogar als schwer erziehbare Sonderschüler eingestuft.

Mythos 1: Universelle Begabung. Dabei wird von der Vorstellung ausgegangen, dass sich Hochbegabung auf alle Bereiche des Intellekts erstrecken müsse und es wird übersehen, dass detaillierte Begabungsspitzen häufiger vorkommen als ein universell höheres Niveau. Im Massenunterricht der Schule entgeht dies nicht selten der Aufmerksamkeit der LehrerInnen.

Mythos 2: Talentiert, aber nicht hochbegabt. Hochbegabung im intellektuellen Bereich wird oft anerkannt, während Hochbegabung auf künstlerischem oder sportlichem Gebieten meist „nur" als Talent bezeichnet wird. Dies ist eher eine sprachlich bedingte Haarspalterei, da sich die Merkmale für Hochbegabung bei allen drei Gruppen wiederfinden.

Mythos 3: Außergewöhnlicher IQ. Der Mythos geht davon aus, dass auch bei einer vorliegenden Detailbegabung ein allgemein erhöhter IQ vorliegen muß. Es ist aber bewiesen, dass dies nicht stimmt, dass aber auch ohne Berücksichtigung des IQ der Begabungssektor gefördert werden kann und muß.

Mythos 4 und 5: Vererbung und Umwelt. Die Hochbegabungsforschung zeigte, dass Hochbegabung durch Umwelteinfluß, vorwiegend Familien und Schule, gefördert, aber nicht geschaffen werden kann. Die Basis ist immer eine genetische Veranlagung.

Mythos 6: Eltern die treibende Kraft. Der häufigste Vorwurf ist, dass der Überehrgeiz der Eltern (Eislaufmütter, Fußballväter) die Kinder in die Hochbegabung hinein zwingt und so psychische Schäden provoziert. Die Fürsorge der Eltern kann jedoch nur die Entfaltung einer vorhanden Hochbegabung fördern, sie jedoch nie erzwingen oder produzieren.

Mythos 7: Hochbegabte strotzen vor seelischer Gesundheit. Dies stimmt für den Großteil der Hochbegabten nicht! Viel häufiger ist es, dass sie als Streber oder Angeber mit eigenartigen Interessen verspottet und ins Abseits gedrängt werden und dies nicht nur durch Mitschüler, sondern oft auch durch Lehrer. Ergebnis sind oft soziale und seelische Einsamkeit und Leiden. Der Mythos vom gut angepaßten, hochbegabten Kind gilt laut Winner nur für leichte Hochbegabung, aber nicht für extrem hochbegabte Kinder.

Mythos 8: Alle Kinder sind begabt. Wenngleich jedes Kind seine Begabungen hat, ist dies die häufigste Fehlmeinung von Pädagogen. Nach den Ergebnissen der Hochbegabungsforschung sind intellektuelle Fähigkeiten, wie rasche Auffassung und Verarbeitung von Informationen, wie auch die Umsetzung in aktive Denkvorgänge (Kreativität) Kennzeichen der Hochbegabung, die durch Umwelt und Erziehung nicht geschaffen, sondern nur gefördert werden können. Sie fahren eben mit mehr „PS". Daher müßte dies von der Hochbegabtenerziehung berücksichtigt werden. Weiters muß zur Kenntnis genommen werden, dass Kinder mit extremer Hochbegabung wiederum besondere Ausbildungsbedürfnisse haben und für sie Unterrichtsangebote für leicht hochbegabte Schüler unpassend sind.

Mythos 9: Hochbegabte werden berühmte Erwachsene. Die weitere Entwicklung der Hochbegabten ist von vielen interagierenden Faktoren abhängig. Begabung, Persönlichkeit, Motivation, Familie, Gelegenheit und Glück spielen hier eine große Rolle. Es gibt Hochbegabte, die sich voll entwickeln und sogar „berühmt" werden. Die Möglichkeit des Versandens und Ausbrennens ist jedoch ebenso gegeben. Hier kann auch der Mangel an Chancen eine große Rolle spielen!

Bei der Darstellung und Besprechung dieser Mythen fordert Winner wiederholt auch den individuellen Spezialunterricht für Hochbegabte, um die Begabungspotenz zu erhalten und auszubauen!

Trotz Gesetzesänderung und positiven Start in Richtung Begabtenförderung müssen noch viele dieser Mythen in Österreich ausgeräumt werden. Dies wird nur mit Fortbildung und Aufklärung möglich sein!

Alle mit Kindern und Jugendlichen betraute Person können wir nur bitten: bilden Sie sich weiter, denn das Thema wird seit langem weltweit bearbeitet und diskutiert! Eine Literaturliste finden Sie im Anhang und am Ende der wissenschaftlichen Beiträge.

Auf Grund unserer bisherigen Tätigkeit, die insgesamt ca. 1100 Beratungen, mindestens ebenso viele Auskunftserteilungen, sowie Fragebogenerhebungen umfaßt, haben wir viele Probleme, die Hochbegabte in der Praxis erleben, praxisnah miterlebt und kennengelernt.

Im täglichen Schulalltag, im Kindergarten, in der Familie gibt es immer wieder hochbegabungsspezifische Probleme, die vornehmlich in der Praxis, das heißt vor Ort und im Einzelfall, gelöst werden müssen! Begabtenförderung kann insgesamt nur so gut sein, wie sie auch die Einzelfälle (Einzelschicksale) löst bzw. möglichst wenige „Einzelfälle" entstehen läßt.

Stellen wir uns vor, welche Institutionen und Personen – neben den betroffen Kindern und Jugendlichen und deren Eltern – involviert sein können:

BM f Unterricht, Wissenschaft und Kultur mit Fachleuten
(verschiedener Abteilungen)
↓
Landes- , Bezirks- und Stadtschulräte mit Spezialisten und Servicestellen
↓
Schuldirektoren mit ihren Organisatoren
↓
Klassenvorstand – Lehrer – Schüler

Selbstverständlich ist diese Kaskade unvollständig, z. B. sind keine Mittel zuweisenden Stellen und Elternvertretungen u. a. angeführt. In jeder Ebene arbeiten Menschen mit all ihren Vorzügen und Schwächen und in jeder Ebene können Informations- und Organisationsabläufe (unbewußt oder bewußt) gebremst werden. Daß es hier – auch ohne bösen Willen! – relativ leicht zu Kommunikationsproblemen bzw. Mißverständnissen kommen kann, ist einsichtig. Umso mehr müssen alle Beteiligten bemüht sein, größtmögliche Kommunikation und gegenseitiges Verständnis zu erzielen und in einer für das betroffene Kind bzw. den betroffenen Jugendlichen angemessenen Zeit Lösungen zu finden. Bisher kamen Wartezeiten von mehreren Monaten (!) auf mündliche bzw. schriftliche Entscheidungen kompetenter Stellen nicht selten vor!

Der besondere Augenmerk sollte immer auf das Wohl der betroffenen hochbegabten Kinder oder Jugendlichen gerichtet sein – ihre alltägliche Situation muß verbessert werden.

Hier noch ein Hinweis von Lehrern und Eltern hochbegabter Kinder
Hochbegabte Kinder und Jugendliche sind im Normalunterricht sehr oft frustriert und haben häufig nur wenige Auswege. Rückzug und Abschalten, „vorlaute" Antworten heraussprudeln oder den Klassenkasperl spielen, um nur einige zu nennen. All das ist für Lehrer und Klasse frustrierend und enervierend. Verständnis, Eingehen auf persönliche Bedürfnisse, Anerkennung der Persönlichkeit und Kommunikation können hier Abhilfe schaffen. Daraus ergeben sich sehr oft andere Aufgabenstellungen, Zusatzfragen oder Arbeiten, die letztlich das Kind befriedigen und auch der Klassengemeinschaft – somit allen – auch dem Lehrer, etwas bringen können. Je höher die Hochbegabung ist, desto wichtiger ist das individuelle Differenzieren, um das Kind nicht verkümmern zu lassen! Die Berücksichtigung dieser Tatsachen beinhaltet aber auch einen positiven sozialen Lerneffekt für alle Schüler und Lehrer, der letztlich sogar außerschulisch zum Tragen kommen kann: die Erkenntnis, dass in der Praxis gelebte gegenseitige Achtung und Toleranz, sowie Verständnis füreinander letztlich allen zu Gute kommt und alle davon profitieren können!

Literatur: siehe Literaturverzeichnis

Wünsche für die Zukunft

R. Bergsmann

> Hochbegabtenförderung darf nicht als Wissensanhäufung, Erlangen von Fähigkeiten oder Fertigkeiten an sich gewertet werden. Vielmehr muß sie als eine wichtige notwendige Hilfestellung für eine gesunde, ganzheitliche Persönlichkeitsentwicklung erkannt werden. Je integrativer und individueller hier die Ansätze sind, desto positiver werden die Ergebnisse sein. Die Kinder und Jugendlichen werden es danken! Auch die Gesellschaft kann davon profitieren und sollte sich über diese Kinder und Jugendlichen freuen!

Einige Wünsche für die Zukunft, die immer wieder von Betroffenen und Mitglieder in Beratungsgesprächen oder Fragebögen geäußert werden, wollen wir hier zusammenfassen. Auch zahlreiche telefonische Anfragen kreisen immer wieder um diese und ähnliche Probleme:

1. Die Schaffung kompetenter Sercivestellen bei Landes-, Stadt- und/oder Bezirksschulräten, um Auskünfte rasch, kompetent und korrekt erteilen zu können, scheint dringend nötig, denn derzeit sind Auskünfte vielerorts primär unvollständig, falsch oder erst nach Tagen, Wochen oder Monaten zu erlangen, manchmal sogar überhaupt nicht.

2. Kompetente Ansprechpartner oder zumindest einige Schulpsychologen pro Bundesland, die praktische Erfahrung mit hochbegabten Kindern und deren Testung haben und Begabungsprofile erstellen können, sind wichtig. Klare Auskünfte über die Testergebnisse, sowie praxisrelevante Empfehlungen erfreuen nicht nur Eltern, sondern auch viele Pädagogen und besonders die Kinder.

   Erfreulicherweise wurde dieser Wunsch schon an mehreren Orten in die Tat umgesetzt und beginnt hoffentlich bald österreichweit zu streuen. Die Schulpsychologen sollten jedoch auch mit der Kompetenz ausgestattet sein, sobald sie Beratung oder Betreuung übernommen haben, bei bestehenden Problemen von sich aus (oder auf Wunsch der Eltern) mit der Schule in Kontakt treten zu können, um gemeinsam Lösungsstrategien zu suchen. Denn wenn sie erst auf Ersuchen der Schule mit dieser in Kontakt treten dürfen (wie uns von kompetenter Seite mitgeteilt wurde und wie wir es auch selbst erlebt haben), werden viele Probleme nicht gelöst, da sie oft von unkundigen Pädagogen als solche nicht erkannt werden! Leidtragende sind dann wieder einmal die betroffenen Kinder und Jugendlichen!

3. Im Gesetzestext sind nirgends jene Klassen wörtlich angeführt, die nicht übersprungen werden dürfen. In der Praxis jedoch werden „Sperrzeiten" praktiziert. So dürfen die 1. und 4. Klassen der Volksschule, sowie die 1. und 4. Klassen und 5. und 7. Klassen weiterführender Schulen derzeit in der Praxis nicht übersprungen werden. Diese „Sperrzeiten" sollten jedoch vom Gesetzgeber überdacht und abgeändert werden, denn dadurch werden nicht selten gerade individuell günstige Überspringzeiten verhindert, was wiederum die persönliche Situation eines Kindes verschlechtert! Auch die Eingrenzung des Überspringens auf den Schuljahrsbeginn scheint nicht günstig.

4. Klare Durchführungsbestimmungen zu den Gesetzestexten, die auf allen Ebenen koordiniert sein müssen, wären für alle Beteiligten sehr hilfreich und würde Vieles erleichtern, Leid und Ärger reduzieren und wertvolle Zeit sparen. Derzeit werden auftretende Probleme oder Unklarheiten noch sehr unterschiedlich gehandhabt. Wichtig und wünschenswert wäre ein Bewußtsein bei allen, dass hochbegabte Kinder und Jugendliche auch nur ein begrenztes Maß an Belastbarkeit aufweisen und – wie andere Kinder auch – nicht überlastet werden dürfen; danach sollte auch gehandelt werden! Dies betrifft sowohl das Überspringen, als auch die diversen Prüfungen und Arbeitsbelastungen, wie auch den menschliche Umgang mit ihnen!

5. Zeitgerechte klare Auskünfte über Prüfungstermin und Rahmen des Prüfungsstoffs, sowie die Sorge für ein Ambiente, das einer Prüfung gerecht wird und die nötige Ruhe ermöglicht, würde die psychische Belastung der Kinder mindern. Das Ausmaß der schriftlichen und mündlichen Anforderungen, sowie die Quantität pro Zeiteinheit sollte besonders in der Volksschule angezeigt sein! Hier gibt es immer wieder sehr unterschiedliche – zum Teil haarsträubende – Berichte und Klagen.

6. Der Wunsch nach Sonderregelungen für Hochbegabte, die nicht überspringen wollen oder können, weil sie vielleicht nur auf einem Gebiet eine Spitzenbegabung haben oder sich in ihrem Klassenverband gut integriert fühlen und diesen deshalb nicht verlassen wollen, wird immer lauter! Dabei sollten absolvierte Leistungen zumindest auf Wunsch des Schülers benotet und abgeschlossen werden können. Warteschleifen dürfen nicht produziert werden!

7. Abdrängen in den Hausunterricht (dessen Kosten und Organisation die Eltern alleine zu tragen haben) mangels Alternativen im Regelschulwesen und – unterricht sollte nicht mehr nötig sein, da jedem Kind laut Gesetz seit langem eine Förderung entsprechend seiner intellektuellen, emotionalen und sozialen Fähigkeiten zusteht und zugesichert wird. Dies sollte nun endlich auch in der Praxis passieren! Mehreren anderen Schülergruppen ist dies mittlerweile erfreulicherweise ermöglicht worden. Die Gruppe der hochbegabten Kinder und Jugendlichen darf dies daher im Sinne des Gleichheitsprinzips ebenso fordern!

8. Der Einstieg in eine Regelschule aus dem Hausunterricht bedarf besonderer Hilfestellungen. Dies hat noch niemand bedacht, gesetzliche Rahmenbedingungen fehlen zur Gänze!

9. Auch wurden Kinder und Jugendliche im Hausunterricht bei der Gesetzesänderung zum Überspringen nicht ausreichend bedacht. Es gibt für sie keine spezielle Rahmenbedingungen, eine Klassenkonferenz, die lt. Gesetz das Überspringen genehmigen kann, gibt es bei diesen Schülern jedoch auch nicht.

10. Die Teilnahme an Olympiaden oder Wettkämpfen sollte altersunabhängig sein, auch sollte keine Teilnehmerbegrenzung pro Schule existieren, da sonst Schüler von Schulen, die sich speziell der Begabtenförderung widmen, anderen Schulen gegenüber benachteiligt sind. Denn nach welchen Kriterien soll für die Teilnahme ausgewählt werden, wenn sich an einer Schule gleich mehrere besonders begabte Schüler interessieren? An einer anderen Schule kann vielleicht gerade ein Teilnehmer gefunden werden.
Schüler, auch externe (!) sollten sich unabhängig von den Lehrern über Aushang oder andere Informationen über ausgeschriebene Wettkämpfe und Olympiaden informieren und bewerben können. Auch die Teilnahme eines Schülers an verschiedenen Wettkämpfen sollte möglich sein.
Bei Wettbewerben muß bedacht werden, daß es Hochbegabte gibt, die eine Teilnahme scheuen, um nicht schon wieder im Mittelpunkt zu stehen! Daher können Olympiaden nur ein Stein im Mosaik der Hochbegabtenförderung sein, daneben müssen viele andere bestehen.

11. Erfreulicherweise werden in immer mehr Bundesländern Sommerakademien und Pluskurse angeboten, auch hier wären klare Aufnahmekriterien und auch schulunabhängige Aufnahmemöglichkeiten begrüßenswert. Diese schönen Angebote wünschen sich aber auch schon Schüler ab dem Volksschulalter und würden sie gerne annehmen. Dies zeigte sich bereits in Salzburg und Tirol, in Niederösterreich wird es heuer sicher nicht anders sein. Hochbegabtenförderung darf nicht erst in den letzten Jahren der Schullaufbahn stattfinden. Je früher damit begonnen wird, desto effektvoller wird sie

sein! Gerade bei Sommerakademien und Pluskursen ist in den letzten Jahren viel geschehen und es zeigte sich, wie wertvoll sie von den Teilnehmern bewertet werden – den Organisatoren, Sponsoren, Leitern und allen daran Beteiligten sei herzlicher Dank für ihren unermüdlichen Einsatz ausgesprochen!

Die wichtigsten Wünsche zum Schluß

Hochbegabtenförderung sollte vordringlich am Vormittag in der Schulzeit passieren, da die Kinder und Jugendlichen einen Großteil des Tages (zumindest viele Stunden ihres Lebens) in der Schule verbringen und viele dort – während der regulären Unterrichtszeit – durch Unterforderung ihre größte Belastung erleben.

Viele Kinder sind vom Schulvormittag so genervt, daß sie am Nachmittag gar nichts mehr wollen, ihre Interessen ablegen und versanden – so ist Begabtenförderung am Nachmittag bei diesen Schülern nur noch ein frommer Wunsch, der nicht mehr angenommen wird (oder werden kann).

Bei außerschulischer Begabtenförderung am Nachmittag ist ebenso der finanzielle und zeitlich organisatorische Aspekt für die Familien zu berücksichtigen. Auch hochbegabte Kinder sind Kinder, die gerne Freunde besuchen, mit ihnen spielen, plaudern, etwas unternehmen, sich auch mal entspannen und gar nichts tun wollen oder „nur so" ihren Hobbys nachgehen wollen!

Viele Familien können sich diverse Kurse oder andere Fortbildungen am Nachmittag finanziell nicht leisten, in manchen Orten fehlen die entsprechenden Angebote. Es muß auch die oft vorhandene Interessens- und Begabungsvielfalt, die Aufnahmekapazität, der Einsatzwille, sowie das oft erstaunlich rasche Regenerationsvermögen solcher Kinder berücksichtigt werden.

Aus all diesen Gründen – auch im Sinne der Chancengleichheit – muß Hochbegabtenförderung möglichst in den Schulalltag gelegt werden. Rahmenbedingungen dafür müssen Gesetz und Schulorganisation liefern!

Einige hochbegabte Kinder und Jugendliche brauchen besonders in der Schule Hilfe und Rückhalt bei der Integration in die Klassengemeinschaft. Diese Hilfe sollten sie von den Pädagogen ebenso selbstverständlich erhalten, wie andere Schülergruppen auch. Hier ist positives Beispiel, Annahme und Toleranz von Seiten der Lehrer besonders wichtig, wenn gegenseitige Akzeptanz und Toleranz von allen gelernt werden soll! Denn gerade besonders begabte Kinder werden wegen ihrer Andersartigkeit häufig gehänselt, als Streber beschimpft und auf verschiedenste Art ausgegrenzt, nicht selten helfen hierbei noch Aussprüche und Verhalten von Lehrpersonen mit. Positives vermittelndes Engagement von Seiten der Pädagogen hilft hier letztlich allen und fördert Klima und Gemeinschaftssinn. Dies können sehr positive Beispiele immer wieder beweisen! Diese engagierten Lehrer jedoch haben aber die Mühe nicht gescheut sich Wissen über Hochbegabung anzueignen und auch versucht ihre hochbegabten Schüler oder Schülerinnen kennenzulernen und sie wirklich zu begleiten. Dies ist mit Sicherheit um vieles mühsamer und aufwendiger als rasches Vorverurteilen oder Negieren – aber letztlich sicher befriedigender und schöner für alle Beteiligten!

Engagierte Pädagogen brauchen oft ähnlichen Schutz vor Feindseligkeiten in der Kollegenschaft, oft fehlt es an Verständnis und Hilfestellung, sei es bei Fördermaterial, Zeitmanagement oder Fortbildung.

Wenngleich Fortbildungsveranstaltungen für Pädagogen zur Thematik Hochbegabung nun schon vermehrt angeboten werden, sind diese oft sehr spärlich besucht.

Auch wenn nicht alle Wünsche gleich erfüllbar scheinen, allein die Prüfung der Erfüllbarkeit und das Bemühen vielleicht vorerst nur einige wenige erfüllen zu wollen oder zu können, wird den Betroffenen helfen – denn es bedarf in jedem Fall Auseinandersetzung mit der Thematik, was sicherlich den Einblick vergrößert.

Literatur: siehe Literaturverzeichnis

Einführende Literatur zum Thema Hochbegabung
(Bitte beachten Sie auch die Literaturzitate der verschiedenen Autoren!)

Bartenwerfer, H. G. (Hrsg.): Bibliografie Hochbegabung, deutschsprachige Literatur, Nomos, Baden-Baden 1990.

Bartenwerfer H. G. (Hrsg.) (1988): Besondere Begabung in der normalen Schule. Forschung, Beratung, pädagogischer Auftrag. Frankfurt/M.: Gesellschaft zur Förderung pädagogischer Forschung (= GFPF-Materialien Nr. 18)

Cropley A., McLeod J. & Dehn, D.: Begabung und Begabungsförderung. Entfaltungschancen für alle Kinder. Asanger. Heidelberg,1988.

Csikszentmihalyi, M. (1996): Kreativität. Wie sie das Unmögliche schaffen und ihre Grenzen überwinden. Klett-Cotta.

Dörner D. (1993): Die Logik des Mißlingens. Strategisches Denken in komplexen Situationen. Reinbeck bei Hamburg: Rowohlt.

Feger B.: Hochbegabung. Chancen und Probleme. Hans Huber, Bern (1988).

Freeman J.: Erziehung und Intelligenz. Natürliche Anlagen erkennen und fördern. ETB (Econ Taschenbuch Verlag), Düsseldorf (1985).

Freese H. L.: Kinder sind Philosophen, Quadriga, Weinheim-Berlin (1993).

Giesecke H.: Das Ende der Erziehung. Klett-Cotta, Stuttgart 1985.

Hagen E.: Die Identifizierung Hochbegabter Grundlagen der Diagnose außergewöhnlicher Begabungen, R. Asanger Verlag, Heidelberg1988.

Hager G., Pollheimer K., Hagner G. (Hrsg.) (2000): Dimensionen einer begabungsfreundlichen Lernkultur, Festschrift für Friedrich Oswald. Wien, Studienerlag.

Hany E. A., Nickel H.: Begabung und Hochbegabung. Theoretische Konzepte, Empirische Befunde, Praktische Konsequenzen. Hans Huber, Bern 1992.

Heinbokel A.: Hochbegabte Erkennen, Probleme, Lösungen. Nomos Baden-Baden, 1988.

Heinbokel A.: Überspringen von Klassen, LIT-Verlag Münster, 1996.

Heller K. A. (Hrsg.): Hochbegabung im Kindes- und Jugendalter. Hogrefe Verl. f. Psychologie, Göttingen 1992.

Hilgendorf E. (1985): Gemeinsamkeiten und Unterschiede der schulischen Hochbefähigtenförderung in sechs Ländern. Bedenkenswertes für die Bundesrepublik Deutschland. Berlin Päd. Zentrum.

Hollenbach M. (1998): Die unbeachteten Genies. Frankfurt Main. Fischer Taschenbuch Verlag.

Jellen H. G. & Verduin J. R. (1989): Differentielle Erziehung besonders Begabter. Eine Taxonomie mit 32 Schlüsselkonzepten, Köln: Böhlau.

Landau E.: Mut zur Begabung. E. Reinhardt Verl., München Basel, 1990.

Mehlhorn H.-G.: Persönlichkeitsentwicklung Hochbegabter. Berlin (DDR): Volk und Wissen.

Mehlhorn H.-G., Urban K. K. (Hrsg.): Hochbegabtenförderung international. Berlin (DDR) Deutscher Verlag der Wissenschaften, Köln: Böhlau.

Meissner T. (1991): Wunderkinder – Schicksal und Chance Hochbegabter. Ullstein, Frankfurt a. M.

Mönks F. J. & Lehwald G. (Hrsg.): Neugier, Erkundung und Begabung bei Kleinkindern. E. Reinhardt Verl. München-Basel, 1991.

Mönks F. J., I. H. Ypenburg (1998): Unser Kind ist hochbegabt – Ein Leitfaden für Eltern und Lehrer. E. Reinhardt Verlag, München-Basel.

Oswald F., Klement K. (Hrsg.): Begabungen – Herausforderung für Bildung und Gesellschaft. Jugend und Volk, Wien 1993.

Pädag. Institut & Landesschulrat Salzburg: Begabungen gefragt (1988) PI. & LSR Salzburg

Roedell W. C., Jackson N. E. & Robinson H. B. (1989): Hochbegabung in der Kindheit. Heidelberg: Asanger.

Schär A.: Was ist Hochbegabung? Prozeßorientierte Konzepte, Verl. pro juventute, Zürich, 1991.

Rost D. H.: Lebensumweltanalyse hochbegabter Kinder. Hogrefe Verlag für Psychologie, Göttingen, 1993.

Schmidt M. H. (1977): Verhaltensstörungen bei Kindern mit sehr hoher Intelligenz. Bern, Huber.

Smutny J. F., Veenker K., Veenker St.: Das begabte Kind Wie man es erkennt und fördert, Bastei Lübbe, Berg. Gladbach 1993.

Urban K. K. (Hrsg.) (1982): Hochbegabte und talentierte Kinder. Grundlagen und Ergebnisse. Psychologische, pädagogische, psychiatrische und soziologische Aspekte. Heidelberg, Schindele.

Urban K. K. (1990): Besonders begabte Kinder im Vorschulalter. Grundlagen und Ergebnisse pädagogisch-psychologischer Arbeit. Heidelberg. Edition Schindele/HVA.

Urban K. K. (Hrsg.): Begabung entwickeln, erkennen und fördern. Universität Hannover FB Erziehungswissenschaften, Hannover 1991.

Wagner H. (Hrsg.) (1990): Begabungsforschung und Begabtenförderung in Deutschland 1980–1990–2000 Bad Honnef: Bock.

Waldmann M. & Weinert F. E.(1990): Intelligenz und Denken. Perspektiven für die Hochbegabtenforschung. Göttingen. Hogrefe.

Webb J. T., Meckstroth E. A. & Tolan S. S. (1985): Das hochbegabte Kind – Ein Ratgeber für Eltern, Lehrer und Erzieher. Bern. Huber.

Weinert, F. E. & Wagner H. (Hrsg.) (1987): Die Förderung Hochbegabter in der Bundesrepublik Deutschland: Probleme, Positionen, Perspektiven. Bad Honnef: Bock.

Weisberg R. W. (1989): Kreativität und Begabung. Heidelberg. Spektrum der Wissenschaft.

Wieczerkowski W. & Prado, T. M. (1990): Hochbegabte Mädchen. Bad Honnef: Bock.

Wieczerkowski, W. & Wagner H. (Hrsg.) (1981): Das hochbegabte Kind. Düsseldorf: Schwann.

Wieczerkowski W., Wagner H., Urban K. K. & Cropley A. J. (Hrsg.): Hochbegabung, Gesellschaft, Schule. Bad Honnef, Bock.

Winner E. (1998): Hochbegabt, Mythen und Realität von außergewöhnlichen Kindern. Klett-Cotta.

Ansprechpartner

Bundesministerium f. Bildung, Wissenschaft u. Kultur
Strozzig.1, 1080 Wien
Mag. Dr. Thomas Köhler – Ressortleiter für Begabtenförderung
Tel: 01/53120/4784

Datenbank Begabungsförderung vom Ministerium für Bildung, Wissenschaft und Kultur
www.bmuk.gv.at/fsbegabung.htm

Österreichischer Verein für hochbegabte Kinder
Plebanstr. 15, 3021 Pressbaum
Dr. Roswitha Bergsmann
Tel.: 02233/52724

Beratungsstelle für Hochbegabte des Landesschulrats f. Niederösterreich
Rennbahnstr. 29, 3109 St. Pölten
DDr. Andrea Richter
Tel.: 02742/280-4730

Institut für die schulpraktische Ausbildung – Universität Wien
Maria Theresienstr. 3, 1090 Wien
Univ. Prof. Dr. Friedrich Oswald
Tel.: 01/427717501 oder 17518

Österreichisches Zentrum für Begabtenförderung und Begabungsforschung
Markartkai 3, 5020 Salzburg
Mag. Helene Zarl
Tel.: 0662/439581

Beratungspraxis Begabtenförderung Salzburg
Schönleitenstr. 1, 5020 Salzburg
Prof. Dr. Franz J. Mönks
Tel.: 0662/429519

Sir Karl Popper Schule
Wiedner Gürtel 68, 1040 Wien
Hofrat Dr. Günter Schmid
Tel.: 01/5037466

Teilnehmer des Arbeitskreises Begabungsförderung des Bundesministeriums f. Bildung, Wissenschaft und Kultur

Mag. Christa **Bauer**
Bundesgymnasium
Klusemannstr. 25, 8053 Graz

Dr. Roswitha **Bergsmann**
Österreichischer Verein für hochbegabte Kinder
R. Plebanstr. 15, 3021 Pressbaum

Mag. Rudolf **Elpelt**
Pädagogisches Institut Kärnten
Kaufmanngasse 8, 9010 Klagenfurt

Mag. Max **Gnigler**
Pädagogisches Institut Tirol
Angerzellergasse 14, 6020 Innsbruck

Univ. Lektor Dr. Gerhard **Hager**
Universität Wien, Institut f. d. schulpraktische Ausbildung
Maria Theresienstr. 3, 1090 Wien

Mag. Elfiede **Jarmai**
Pädagogisches Institut d. Stadt Wien
Burggasse 14–16, 1070 Wien

Univ. Prof. Dr. Friedrich **Oswald**
Universität Wien, Institut f. d. schulpraktische Ausbildung
Maria Theresienstr. 3, 1090 Wien

Mag. Ingrid **Pleninger**
Pädagogisches Institut Burgenland
7001 Wolfgarten

Dr. Peter **Seyfried**
Landesschulrat für Oberösterreich
Sonnensteinstr. 20, 4040 Linz

Dr. Bernhard **Seyr**
Landesschulrat für Niederösterreich
Rennbahnstr. 29, 3109 St Pölten

Mag. Christoph **Steurer**
Bundesgymnasium Dornbirn
Realschulstr. 3, 6850 Dornbirn

Mag. Helene **Zarl**
Österreichisches Zentrum für Begabtenförderung und Begabungsforschung
Makartkai 3, 5020 Salzburg

Mag. Josef **Zehetner**
Pädagogisches Institut Salzburg
Erzabt Klotz Str. 11, 5020 Salzburg

Dr. Mathilde **Zeman**
Stadtschulrat für Wien
Strozzigasse 2, 1080 Wien

Dr. Gerhard **Zenaty**
Pädagogisches Institut Oberösterreich
Kaplanhofstr. 40, 4020 Linz

Beitrittserklärung

Hiermit erkläre ich meinen Beitritt zum Verein

✳ „Österreichischer Verein für hochbegabte Kinder",
3021 Preßbaum, Rudolf Plebanstraße 15

☐ Ich möchte **ordentliches** Mitglied werden
☐ Ich möchte **außerordentliches** Mitglied werden

Name: ....

Geburtsdatum: ....

Adresse: ....

....

Datum: .... Unterschrift: ....

Angaben auf freiwilliger Basis

☐ Ich/wir haben den Verdacht auf Hochbegabung bei unserem Kind und wünschen Hilfe bezüglich Testung

☐ Ich/wir haben ein hochbegabtes Kind

Name:
Geburtsdatum:
☐ getestet?
Durch wen?
Wann?

Name:
Geburtsdatum:
☐ getestet?
Durch wen?
Wann?

☐ Ich/wir sind bereit, das Testergebnis vorzulegen
(vertrauliche Behandlung zugesichert)

Anforderung von Informationsmaterial

Name: ....

Adresse: ....

....